Am Hofe Karls des Großen entstand zwischen 780 und 800 eine größere Anzahl von liturgischen Prachthandschriften; am Beginn dieser Reihe steht ein Evangelistar, das der König anläßlich seiner Romfahrt 780/81 bei einem Schreiber namens Godescalc in Auftrag gab. Für die Geschichte der abendländischen Buchmalerei bedeutet dieser Codex mit seiner prachtvollen Bildausstattung und aufwendigen Textgestaltung einen entscheidenden Neubeginn, der vom kulturellen Engagement des Auftraggebers Zeugnis ablegt.
Mit der Ergänzung der liturgischen Texte durch sechs Bildseiten sowie ein Widmungsgedicht formuliert die Handschrift, so zeigt der Autor, Begründung und Zielvorstellung der Reformpolitik Karls des Großen: die gesellschaftliche Erneuerung nach dem Leitbild der christlichen Weltordnung. In faszinierender Weise wird deutlich, eine wie große Rolle bei dieser Erneuerung das Medium der Sprache und der Schrift spielte, wie sehr also das Buch selbst Thema dieses Prunkbandes ist: »Wer Gott gefallen will durch rechtes Leben, der soll nicht versäumen, ihm auch durch richtige Sprache zu gefallen«, so ermahnte Karl der Große seine Bischöfe und Äbte im Jahre 785.

Bruno Reudenbach, geb. 1952, Studium in Köln und Freiburg, Promotion in Köln, danach wissenschaftlicher Mitarbeiter am Sonderforschungsbereich »Mittelalter« der Universität Münster. Seit 1986 Professor für Kunstgeschichte an der Universität Hamburg. Veröffentlichungen zu Piranesi, zu Architekturtheorie und -metaphorik und zu mittelalterlicher Kunst.

DAS GODESCALC-EVANGELISTAR

Ein Buch für die Reformpolitik Karls des Großen

Von Bruno Reudenbach

Fischer Taschenbuch Verlag

kunststück
Begründet von Klaus Herding
Herausgegeben von Michael Diers

Umschlagvorderseite: Paris, Bibliothèque nationale de France, nouv. acq. lat. 1203. Godescalc-Evangelistar, fol. 2r (Ausschnitt).
Frontispiz: Paris, Bibliothèque nationale de France, nouv. acq. lat. 1203. Godescalc-Evangelistar, fol. 1v (Ausschnitt).
Umschlagrückseite: Paris, Bibliothèque nationale de France, nouv. acq. lat. 1203. Godescalc-Evangelistar, fol. 4r (Ausschnitt).

Graphische Konzeption: Max Bartholl und Christoph Krämer
Lektorat: Oliver Thomas Domzalski
Bildredaktion: Jutta Schütt
Originalausgabe
Veröffentlicht im Fischer Taschenbuch Verlag GmbH,
Frankfurt am Main, August 1998

Satz und Druck: Wagner GmbH, Nördlingen
Bindung: G. Lachenmaier, Reutlingen
Printed in Germany
ISBN 3-596-12177-9

EIN POLITISCHES BUCH

Als im Jahre 1811 der Sohn des französischen Kaisers getauft wurde, ließ sich die Stadt Toulouse für den Vater des Täuflings, für Napoleon I., ein beziehungsreiches Geschenk einfallen: ein altes Buch. Aus der Bibliothek der Stadt übereignete man dem Kaiser einen frühmittelalterlichen Prachtcodex, der aus dem Schatz der traditionsreichen Abtei Saint-Sernin stammte, 1793 in die Stadtbibliothek gelangt war und heute in der Bibliothèque Nationale in Paris (ms. nouv. acq. lat. 1203) aufbewahrt wird.[1] Ein kostbares Geschenk – nicht nur wegen seines hohen Alters von über eintausend Jahren, sondern auch aufgrund einer ungewöhnlich prachtvollen Ausstattung: sechs ganzseitige Miniaturen eröffnen die Handschrift, ihre Pergamentseiten sind durchgehend mit Purpur gefärbt, und Evangelientexte sind darauf mit Gold- und Silbertinte geschrieben. Doch wird für die Wahl als Taufgeschenk in diesem Falle nicht allein die Kostbarkeit der Materialien ausschlaggebend gewesen sein; mit dem Buch verband sich vielmehr auch ein ideeller Wert, eine politische Idee. Der aktuelle Anlaß – die Taufe des Kaisersohnes, Napoleons II., und seine gleichzeitige Einsetzung als »König von Rom« – wurde durch das Buchgeschenk in Beziehung gesetzt zu einem ähnlichen Ereignis, das schon im Jahre 781 stattgefunden hatte.

Der Zusammenhang mit diesem Ereignis ist der Napoleon zugedachten Taufgabe direkt eingeschrieben. Weit hinten im Codex* befinden sich auf vier Seiten (fol.* 124^{v}–126^{r}) sogenannte Ostertafeln, denen die Osterdaten künftiger Jahre zu entnehmen sind, in diesem Falle die Ostertermine der Jahre 779–816. An

* Fachausdrücke sind im Glossar des Anhangs erläutert.

NON AP	XX
VIII K AP	XV
ID AP	XVI
IIII N AP	XVIII
XI K AP	XV
IIII ID AP	XV
III K AP	XVIII
XIIII K MA	XVIIII
VII ID AP	XV
VI K AP	XVII
XVII K MA	XVIII
PRID N A	XXI
VIIII K AP	XVI
PRID ID A	XVI
KL AP	XX
XII K AP	XVI
V ID AP	XVII
IIII K AP	XVIIII
XV K MA	XX

IN IST
ANNO
FVIT DO
MNVS
REX KA
ROLVS
AD SCM
PETRVM
ET BAP
TIZATVS
EST FI
LIVS
EIVS
PIPPI
NVS
A DOM
NO A
POSTO
LICO

1 Godescalc-Evangelistar, fol. 125r: Ostertafel mit dem Randeintrag, der Karls Romaufenthalt und die Taufe Pippins erwähnt.

einer Stelle (fol. 125r), beginnend in der Zeile des Jahres 781, ist ein Randeintrag mit folgendem Wortlaut notiert *(Abb. 1)*:

> *In isto anno fuit Dominus rex Karolus ad Scm Petrum et baptizatus est Filius eius Pippinus a Domino apostolico.* (In diesem Jahr war König Karl in St. Peter, und sein Sohn Pippin wurde vom Papst getauft.)[2]

Das von der Stadt Toulouse gewählte Präsent, das so direkt die Taufe des fränkischen Königssohnes in Erinnerung rief, zog damit im Jahre 1811 eine Parallele zwischen dem weit zurückliegenden historischen Datum und der Taufe des Napoleon-Sohnes, des Königs von Rom, und machte sich auf diese Weise die Vorstellung von Napoleon als dem legitimen Nachfolger Karls des Großen, als dem Beherrscher Europas in der Nachfolge des berühmten Franken zu eigen. Zur Vergegenwärtigung dieses Anspruchs war die Prachthandschrift prädestiniert, und dies nicht nur wegen der kurzen, in der Ostertafel etwas überraschend und nur »außer der Reihe« auftauchenden Randnotiz. Die Entstehung dieses Buches selbst geht direkt auf Karl den Großen zurück und hat unmittelbar mit seinem Romzug und der Taufe seines Sohnes zu tun.

Ein an die Ostertafeln anschließendes, fast zweiseitiges lateinisches Widmungsgedicht *(s. Abb. 30)* am Schluß der Handschrift (fol. 126v/127r) gibt darüber detailliert Auskunft:

> *Septenis cum aperit felix bis fascibus annum, / Hoc opus eximium Franchorum scribere Carlus / Rex pius, egregia Hildgarda cum coniuge, iussit.* (Als er, glücklich, das 14. Jahr seiner Herrschaft eröffnet, ließ Karl, der fromme König der Franken, mit seiner vortrefflichen Gemahlin Hildegard dieses herausragende Werk schreiben. [s. Anhang, S. 98, V. 27ff.])[3]

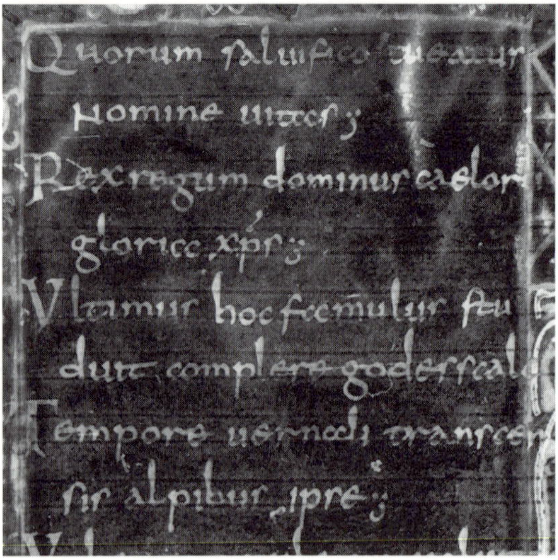

2 Godescalc-Evangelistar, fol. 127r (Ausschnitt, vgl. *Abb. 30*): Die Verse des Widmungsgedichtes mit der Namensnennung Godescalcs.

Es ist ein Glücksfall der Überlieferung, daß damit nicht nur die Auftraggeber dieses Buches zweifelsfrei feststehen, sondern auch die historischen Begleitumstände seiner Entstehung und sogar der Name des ausführenden Künstlers. Karl und seine Gemahlin Hildegard beauftragten mit dem Werk einen Schreiber und Maler namens Godescalc, der sich als *ultimus famulus*, als niedrigster Diener Karls, bezeichnet *(Abb. 2)*, also offenbar ein Franke aus dem Gefolge des Königspaares. Keine andere Handschrift hat sich von ihm erhalten, so daß wir allein durch den Buchauftrag des Königspaares von ihm wissen.[4] Mit dem Widmungsgedicht auf den Schlußseiten wird das fertige Werk den Bestellern übereignet. Diese Verse rühmen Person und Herrschaft Karls; die Nachricht von Beauftragung und Tätigkeit Godescalcs wird in unmittelbaren Zusammenhang mit der Erwähnung von Karls Romaufenthalt und seinem Besuch des Grabes Petri gerückt. Ebenso sind der Taufe Pippins durch

Papst Hadrian einige Zeilen gewidmet. Nicht erst durch die Ereignisse des Jahres 1811 wurde Godescalcs Werk mithin politisch in Anspruch genommen; das Gedicht stellt vielmehr mit seinen Hinweisen auf das Zeitgeschehen schon die Entstehung der Handschrift in einen klar konturierten politischen Zusammenhang.
Dies ist nicht zuletzt deshalb von Bedeutung, weil die Kunstgeschichte das von Godescalc geschaffene Buch inzwischen aus ganz anderen Gründen als ein epochales Werk erkannt hat: Für die Geschichte der Buchmalerei bedeutet dieses durch die erwähnten historischen Ereignisse fest in die Jahre zwischen 781 (Romzug) und 783 (Todesjahr Hildegards) zu datierende und direkt auf Karl den Großen zurückgehende Werk eine tiefe Zäsur.[5] Mit dem an Godescalc ergangenen Buchauftrag setzt unvermittelt eine höchst ambitionierte Handschriftenproduktion am königlichen Hofe ein, wie sie vorher, etwa bei den Merowingern, nirgends nachweisbar ist und wie sie bis dahin nördlich der Alpen unbekannt war. So bildet dieses Buch nur den Auftakt einer zusammengehörenden Reihe weiterer Prunkhandschriften von hohem Niveau und Anspruch. Am Hofe Karls des Großen etablierte sich ein Scriptorium*, dem beste Materialien zur Verfügung standen und in dem Spitzenkräfte für die Herstellung von Handschriften versammelt waren. Zunächst arbeitete dieses Scriptorium offenbar im Gebiet zwischen Oberrhein und Mosel, dann, als Karl im letzten Jahrzehnt des achten Jahrhunderts die Pfalz in Aachen zu seiner Dauerresidenz bestimmte, in der dort ausgebauten Pfalzanlage. Mindestens acht der im Hofscriptorium geschriebenen und illuminierten Codices sind heute noch ganz oder in Fragmenten erhalten; ihre Herkunft aus ein- und derselben Werkstatt ist in der eng verwandten Gestaltung der Text-

und Bildpartien, in gleichartigen Ornamentrahmen und Schriften und in vielen weiteren Details zu greifen *(s. Abb. 30, 35, 36)*.[6] Ausnahmslos handelt es sich um liturgische Bücher, und allen ist ein bis dahin kaum gekannter Ausstattungsluxus mit reicher Verwendung von Purpur, Gold und Silber eigen.

In der kunstgeschichtlichen Forschung hat sich für diese Gruppe von Handschriften der Begriff »Hofschule Karls des Großen« eingebürgert, womit zunächst nicht mehr gemeint ist als der vermutlich allen Werken gemeinsame Entstehungsort – der Hof Karls – und die fürstliche Auftraggeberschaft.[7] Godescalcs Werk markiert den Beginn der Handschriftenproduktion in der »Hofschule«, und sein Widmungsgedicht stellt zugleich den engen Zusammenhang mit dem politischen Handeln Karls her. Dies gibt einen ersten Fingerzeig darauf, daß der Begriff »Hofschule« auch weiter gefaßt und inhaltlich gefüllt werden kann, setzt er doch einen Akzent gerade auf die besondere Nähe der Kunstwerke zu Karl und seinem Hofkreis. Karls Denken und Handeln, seine Ansprüche und Intentionen, sein politischer Wille waren demnach für die anspruchsvolle, mit Godescalc beginnende Buchkunst am Hofe Karls maßgebend – mit Konsequenzen für das künstlerische Erscheinungsbild. Dies wird im Folgenden zu zeigen sein. Daß die so zustandegekommene Prachthandschrift sehr bewußt als außerordentliche Leistung und gewollter Neuanfang eingeschätzt wurde, deutet das Widmungsgedicht selbst an, indem es Godescalcs Werk als ein *opus eximium* (herausragendes Werk) bezeichnet.

Wie sieht nun dieses *opus eximium* aus? Man darf sich nicht vorstellen, daß Godescalc den Text beliebig und eher zufällig, wie es der Schreibfluß gerade mit sich brachte, auf den Seiten anordnete. Vielmehr ist der gesamte Codex, bestehend aus 127 purpurgefärbten Pergamentblättern im Format von etwa 21 cm x 31 cm, ein minutiös geplantes und millimetergenau durchgestaltetes Werk. Auf die Seiten ist jeweils ein breiter, in mehrere Felder aufgeteilter Rahmen aufgebracht. Die einzelnen Felder sind mit den unterschiedlichsten Ornamentformen gefüllt: Flechtwerk und geometrische Muster, Ranken und verschieden gemusterte Farbstreifen, Herzformen, Schlangenlinien und vieles mehr.[8] Der so gefüllte Rahmen faßt auf den ersten sechs Seiten ganzseitige Miniaturen ein, auf den folgenden den Text, der jeweils in zwei durch eine weitere Ornamentleiste voneinander abgesetzten Kolumnen* geschrieben ist *(s. Abb.30, 35)*.
Schlägt man das Buch auf, so hat man also zunächst eine dichte Folge großformatiger, ganzseitiger Bilder vor Augen *(Falttafel u. Abb.3–8)*. Die vier Evangelisten – auf der ersten Seite Matthäus *(Abb.3)*, dann folgend Markus, Lukas *(Falttafel u. Abb.4, 5)* und Johannes *(Abb.6)* – sitzen vor einem in mehrere verschiedenfarbige Horizontalstreifen gegliederten Hintergrund an ihren Schreibpulten. Alle vier Schreiber tragen einen über die Schulter geschlungenen Umhang, der den rechten Arm freiläßt. In dunklem Grün bei Matthäus und Johannes, in hellem Blau bei Markus und Lukas hebt sich dieser Umhang vom Unterkleid ab, das dreimal purpurfarben, bei Johannes dagegen dunkelgrün ist. Die Sitzbänke mit oben

vergoldetem Fußschemel und voluminösen, bestickten Kissen, bei Johannes auch mit Rückenlehne, stehen parallel zur Bildebene, nehmen so den Rhythmus der Hintergrundstreifen auf und lassen die Vorderseite der schmalen Fußschemel mit der unteren Rahmenleiste korrespondieren. Von diesem klar konstruierten Gerüst, das dem Zeilen-Rahmen-Raster der Textseiten entspricht, sind die Gestalten der Evangelisten in sehr unterschiedlichen Haltungen und mit teilweise lebhaften Bewegungen abgehoben. Allen ist ein aufgeschlagenes Buch beigegeben, in dem die Anfangsworte des jeweiligen Evangeliums zu lesen sind. Auch die Schreibutensilien wie Tintenfaß und Feder fehlen nicht. Dennoch ist keiner der vier Autoren wirklich in den Schreibvorgang vertieft; sie agieren und treten zu ihren Symbolwesen, die ihnen in der Bildecke oben rechts oder links zugeordnet sind, in Beziehung. So scheinen Matthäus und sein Engel in einem Dialog verbunden *(Abb.3)*; der frontal ausgerichtete Lukas neigt seinen Oberkörper zur Seite, als wolle er dem von oben rechts herabstoßenden Stier ausweichen *(Abb.5)*. Dennoch berühren sich beider Nimben. Dies ist auch bei Markus der Fall. Er wendet den Kopf eigens zurück, um in Blickkontakt mit dem Löwen treten zu können *(Abb.4)*. Diesem Bewegungsmotiv antwortet das Tier mit einer Ausrichtung seines Körpers von links oben nach rechts unten. Johannes schlägt mit einer Hand das Buch auf, während er mit der anderen die Feder ins Tintenfaß taucht *(Abb.6)*. Dabei blickt er aber schräg nach oben und erweckt so den Eindruck, als schaue er zu dem Adler auf.

Wie die Evangelisten selbst treten auch ihre Schreibpulte in einen auffälligen Kontrast zu dem geometrisierenden Gerüst aus Hintergrund, Sitzbank und Rahmen. Ihre gedrechsel-

Godescalc-Evangelistar (vgl. *Abb. 3–7*), links: Evangelist Matthäus, Evangelist Markus, Evangelist Lukas, Evangelist Johannes, unten: Christus.

ten Stützen wirken wie Entsprechungen zu den geschraubten Haltungen der Evangelisten, und anders als die Sitzbänke fügen diese Buchmöbel sich nicht in das Raster ein, sondern sprengen es. Die Pultflächen sind schräg gestellt, die Füße verlassen die Bildfläche und schneiden in den Rahmen ein, ja, im Bild des Matthäus gehen sie unten links noch über die Ornamentleiste hinaus. Derart hervortretend, lenken sie das Augenmerk auf die geöffneten Bücher, auf die Evangelien, wie andererseits in der aufwendigen Bewegungs- und Haltungsorganisation die Beziehung zwischen Evangelist und Symbolwesen zum eigentlichen Thema der Darstellungen wird.

Dem letzten Evangelisten, Johannes, folgt auf der direkt gegenüberliegenden Seite das Bild Christi *(Abb.7)*, der im Gegensatz zu den Evangelisten in unbewegter Frontalität thront, die Rechte segnend erhoben, mit der Linken ein geschlossenes Buch haltend. Aber auch hier finden sich, wie in den vorangehenden Bildern, der streifenförmige Hintergrund, Thronbank und Sitzkissen und die Benennung des Dargestellten durch große Goldlettern. Das mit SCS (für: *Sanctus*) ergänzte Namenskürzel bezeichnet dort *(Abb.3–6)* jeweils die einzelnen Evangelisten; hier erscheint rechts und links des Nimbus der Name »Jesus Christus« in der für *nomina sacra* gebräuchlichen Abkürzung und in halbgriechischer Schreibweise IHS XPS.

Neben der Ausgestaltung der Hintergrundstreifen zu Ornamentleisten hat das Christusbild mit dem Motivrepertoire der Evangelistenbilder auch die vereinzelte Angabe von Vegetation und das Hinterfangen der Figur durch zinnenbewehrte Mauerbänder gemeinsam. Der thronende Christus wird mit diesen Attributen deutlich im Kontext der Apokalypse verankert, die das Erscheinen Gottes auf dem

Thron mehrfach schildert. In der Vision des vierten Kapitels umgeben, wie schon im Bericht des Propheten Ezechiel (Ez. 1,5–12), vier Wesen (Apok. 4,6–8) den Thron Gottes, die man später als die Evangelistensymbole verstanden hat. Christus hält ein Buch, den *liber vitae*, das Buch des Lebens, das der Weltenrichter am Ende der Zeiten zum Gericht aufschlägt (Apok. 20,12), ehe die Erlösten, »die im Lebensbuch eingetragen sind« (Apok. 21,27), in die Himmelsstadt eingehen. So sind hier Motive apokalyptischer Thronvisionen und des Weltgerichts aufgerufen und verbunden mit der Vorstellung von Himmelsstadt und Paradiesgarten, auf die Mauerzinnen (Stadt) und Vegetation (Garten) hinweisen.

Blättert man nun weiter, wird man auf der folgenden Seite mit einer Bilderfindung konfrontiert *(Falttafel u. Abb. 8)*, die weitaus weniger geläufig ist als die Darstellung Christi oder der Evangelisten. Zahlreiche Tiere, teils paarweise angeordnet, sind um eine baldachinartige Architektur arrangiert. Acht Säulen mit goldenen Kapitellen tragen ein weit ausladendes blaues Gebälk; darüber erhebt sich ein goldenes Dach mit einem großen Kreuz auf der Spitze. Vier Säulen – zwei rot gemusterte innen und zwei blaß violette außen – stehen im Vordergrund, wie ihre dicht an das untere Rahmenfeld gerückten goldenen Basen verraten. Vier dunklere Säulen treten, wie verschattet, weiter zurück; zwischen den Säulen bleibt Platz für eine niedrige, in leuchtendem Rot gehaltene Mauerbrüstung. Die Krümmung des Gebälks zeigt an, daß man sich die Anordnung der Säulen kreisförmig oder in Form eines regelmäßigen Polygons, bedeckt von einem Kegeldach, vorzustellen hat. Ganz in die Fläche projiziert und auf der Mittelachse des Bildfeldes plaziert, fügt sich die Architektur symmetrisch in das

3 **Godescalc-Evangelistar, fol. 1r: Evangelist Matthäus.**

Seiten 16 bis 19:
4 **Godescalc-Evangelistar, fol. 1v: Evangelist Markus.**

5 **Godescalc-Evangelistar, fol. 2r: Evangelist Lukas.**

6 **Godescalc-Evangelistar, fol. 2v: Evangelist Johannes.**

7 **Godescalc-Evangelistar, fol. 3r: Christus.**

n. acq. lat. 1203
SES MAT
Bibliothèque du Roi (Louvre)
1404

SCS IOHAN

IHS
XPS

NATALIS
NONAE

8 Godescalc-Evangelistar, fol. 3v: Heilsquell.

auch hier zugrundeliegende Linien- und Rahmengerüst.

Dieses verbindet die Darstellung der Architektur eng mit dem prachtvollen Beginn des Textes auf der gegenüberliegenden Seite *(Falttafel u. Abb. 9)*. Die linke Kolumne, die fast vollständig von einer reichverzierten Initiale*, der Buchstabenverbindung IN, eingenommen wird, leitet nach dem Bildauftakt über zu dem nun fortlaufenden Text, der in der rechten Kolumne anschließt. Er ist geschrieben in Capitalis*, zeilenweise abwechselnd in Gold und (heute durch Oxydation geschwärztem) Silber. Schon durch das einheitliche Rahmensystem ergibt sich ein enger Zusammenhang des hier beginnenden Textes nicht nur mit der unmittelbar vorangehenden Bildseite, sondern mit dem gesamten vorgeschalteten Bildteil. Denn die Evangelistenbilder am Beginn geben Aufschluß darüber, welche Texte im Buch enthalten sind. Bereits spätantike Handschriften stellen am Buchanfang den Autor ihrer Texte häufig bildlich vor; in dieser Tradition sind auch hier die Evangelistenbilder als Autorenbilder zu begreifen. Das Buch enthält demnach Texte der vier Evangelisten, allerdings nicht – wie in einem Evangeliar* – hintereinander die vier vollständigen Evangelien, sondern nur einzelne, ausgewählte Evangelienabschnitte.

Schon früh gehörte zu den liturgischen Feiern der Christen die Lesung der Heiligen Schrift.[9] Indem sich seit dem vierten Jahrhundert ein kirchlicher Festkalender ausbildete, mit Feiertagen zur Erinnerung an Christi Geburt, Auferstehung oder Himmelfahrt, später erweitert mit Gedenktagen bestimmter Heiliger und Märtyrer oder durch Marienfeste, wurde die Schriftlesung zunehmend auf diese jeweiligen Anlässe abgestimmt. Für die Vorlesung im Gottesdienst der einzelnen Feiertage des Kirchenjahres wählte man daher aus den Evangelien jeweils zum Anlaß passende Abschnitte aus, sogenannte Perikopen*. Diese Wahl wurde regional sehr unterschiedlich getroffen, und erst in einem höchst komplizierten und langen Prozeß entstand ein für die gesamte Kirche verbindliches System.

Auskunft darüber, welches Textstück an welchem Tag zu lesen war, vermittelten kalendarisch geordnete Perikopenlisten, wie sie seit dem sechsten Jahrhundert erhalten sind. In der Regel bilden diese Listen nur eine Ergänzung zu vollständigen Textausgaben, zu Bibeln oder Evangeliaren etwa, in denen die einzelnen Perikopen dann eher umständlich nachgeschlagen werden mußten. Es lag daher nahe, für die liturgische Feier einen neuen, handlicheren und übersichtlicheren Buchtyp zu schaffen, das Perikopenbuch oder Evangelistar*. Dieses enthielt lediglich die Lesestücke, und zwar nicht mehr nach ihren Verfassern, den Evangelisten, zusammengefaßt, sondern kalendarisch angeordnet in der Abfolge des Kirchenjahres, meist beginnend mit dem Weihnachtsfest oder dem 1. Advent.

Um ein solches Evangelistar handelt es sich auch bei der von Karl dem Großen 781 in Auftrag gegebenen Handschrift – und Godescalcs Evangelistar ist unter den erhaltenen das älteste, das zusätzlich mit Bildern ausgestattet ist. An seinem Textanfang steht die Perikope zur Weihnachtsvigil, zum Vortag des Weihnachtsfestes *(Abb. 9)*.[10] Nach den mit der großen IN-Initiale in der linken Kolumne beginnenden Einleitungsworten *IN ILLO TEMPORE* (In jener Zeit ...) setzt in der rechten Kolumne der Abschnitt aus dem ersten Kapitel des Matthäus-Evangeliums ein, der Abstammung und Geburt Jesu gewidmet ist (Mt. 1,18–21): *CUM ESSET DESPONSATA MATER IESU MARIA*

9 Godescalc-Evangelistar, fol. 4^r^: Textbeginn mit der Perikope Mt. 1,18–21: *IN ILLO TEMPORE CUM ESSET DESPONSATA MATER IESU MARIA IOSEPH ...* (In jener Zeit, als Maria, die Mutter Jesu, mit Joseph verlobt war ...).

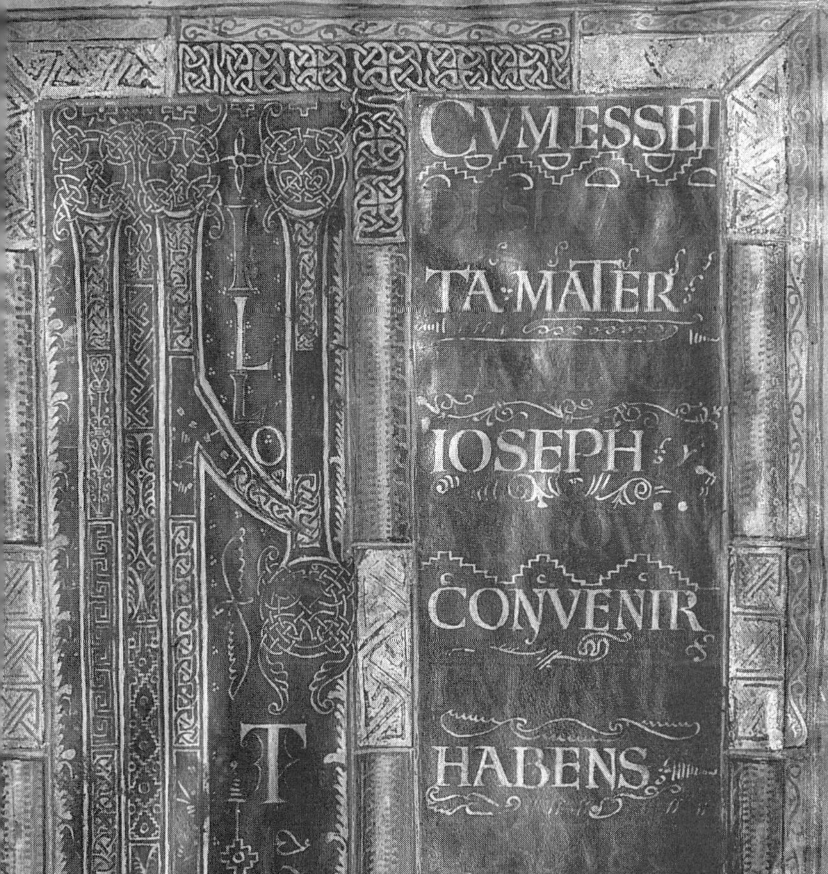

CVMESSET
TA MATER
IOSEPH
CONVENIR
HABENS
IOSEPH AV
CVMESSET

IOSEPH ... (als Maria, die Mutter Jesu, mit Joseph verlobt war ...).
Anschließend werden die Evangelienlesungen für die drei Weihnachtsmessen angeführt, entnommen dem Lukas- und Johannesevangelium (Lk. 2,1–14; 2,15–20; Joh. 1,1–14); es folgt die Perikope zum zweiten Weihnachtstag, zum Fest des Märtyrers Stephanus (Mt. 23,34–39), an welche wiederum diejenige für das Fest des Evangelisten Johannes (Joh. 21,19–24) anschließt. Insgesamt 208 Perikopen zum kirchlichen Festkalender sind so in der Abfolge des Kirchenjahres hintereinandergereiht, gefolgt von weiteren zu bestimmten Heiligenfesten und zu Votiv- und Totenmessen. Für welchen Tag die einzelnen Perikopen vorgesehen sind, ist jeweils durch Überschriften genauestens angegeben *(s. Abb. 35)*.
Auf diese Weise präsentiert das Evangelistar nicht lediglich Evangelienabschnitte; das Manuskript spiegelt zugleich durch die Textabfolge eine zeitliche Ordnung, den Ablauf des Kirchenjahres. Der Aufbau des Buches, die »Bucharchitektur«, kann so als Zeit»raum« verstanden werden. Wie sehr das Godescalc-Evangelistar die Ordnung und Einteilung der Zeit im Blick hat, erweist zusätzlich der Anhang zu den Perikopen. Auf sechs Seiten (fol. 121^v–124^r) ist ein Kalender festgehalten *(Abb. 10)*. Während in jeder Kalendertabelle eine Überschrift die Anzahl der Tage des jeweiligen Monats angibt, wird darunter dessen kalendarische Systematik in drei Kolumnen aufgeschlüsselt.[11] In der ersten ermöglicht eine durchgehende Numerierung aller Tage des Jahres mit der sich wiederholenden Zahlenfolge von 1 bis 7 die Festlegung der Wochentage; die zweite nennt die römische Datumsangabe, während in der dritten hohe kirchliche Festtage und Heiligenfeste den einzelnen Daten zu-

10 **Godescalc-Evangelistar, fol. 121^v: Kalender für den Januar. In der linken Spalte ist für den ersten Tag des Januar das Fest der Beschneidung des Herrn (*Circumcisio d[omi]ni*) eingetragen, für den sechsten die Erscheinung des Herrn (*Epiphania d[omi]ni*).**

KL	CIRCUMCISIO DNI	KL	
IIII	SCAE GENOUAEFA	IIII	PURIFICATIO SCE
III		III	MARIE
II		II	
NON		NON	SCAE AGATHE UIRG
VIII	EPIPHANIA DNI	VIII	
VII		VII	
VI		VI	SCI TIMOTHEI AP
V		V	
IIII		IIII	
III		III	
II		II	
IDUS		IDUS	
XVIIII	SCI FELICIS	XVI	SCI UALENTINI
XVIII		XV	
XVII	SCI MARCELLI PAP	XIIII	SCAE IULIANAE
XVI	SCI ANTONI MONAC	XIII	
XV	SCAE PRISCAE	XII	
XIIII		XI	
XIII	SCI SEBASTIANI	X	
XII	SCAE AGNES UIR	VIIII	
XI	SCI UINCENTI DIAC	VIII	
X		VII	
VIIII		VI	
VIII		V	
VII		IIII	
VI		III	
V	NATIUITAS SCE AGNE	II	
IIII			
III			
II			

geordnet sind. Als sinnvolle Ergänzung der Perikopenfolge gestattet der Kalender somit die Verknüpfung der Stationen des Kirchenjahres mit den kalendarischen Daten. Entscheidend für diese Verknüpfung sind Berechnung und Festlegung des jährlich wechselnden Ostertermins, so daß auf den Kalender die bereits erwähnten Ostertafeln folgen (fol. 124v–126r; *s. Abb. 1)*.
Indem das Godescalc-Evangelistar die Perikopen für die Schriftlesung im Ablauf des Kirchenjahres bereitstellt und sie mit einem Instrumentarium zur Einteilung der Zeit, mit Kalendarium und Ostertafeln, ergänzt, wird in diesem liturgischen Buch also auch die Ordnung der Zeit zum Thema. Sie wird direkt nachvollziehbar in der Anordnung der Textseiten, zu denen die Bildseiten am Beginn und das Widmungsgedicht am Ende hinzutreten. Die Vermutung, daß über die Entsprechung von Kirchenjahr und Textfolge hinausgehend der gesamten Anordnung ein überlegter Plan zugrundeliegt, daß nicht nur jede Seite mit Rahmungs- und Linierungssystem genau konstruiert ist, sondern auch das Buch als Ganzes, läßt sich erhärten. Hat jeder Teil zunächst eine auf den ersten Blick erkennbare Funktion für sich – Evangelisten als Autorenbilder, Perikopen für die liturgische Schriftlesung, Kalender und Ostertafeln für Zeitaufteilung und -berechnung, Widmungsgedicht zur Nennung von Auftraggeber, Künstler und Zeitumständen –, so gewinnen diese Einzelteile innerhalb des übergreifenden Anlageplans eine zusätzliche Dimension. Sie aufzudecken heißt vor allem, die inhaltlichen Beziehungen, die eine kalkulierte Gesamtanlage zwischen den Teilen des Buches etabliert, näher zu bestimmen.

GODESCALCS VORLAGEN

So entschieden das Godescalc-Evangelistar sich auch in Gestaltung und Figurenstil von allem absetzt, was bis dahin im fränkischen Reich bekannt war – das *opus eximium* als eine originäre Neuschöpfung zu werten, dazu hat die kunstgeschichtliche Forschung sich nie wirklich entschließen können. Im Gegenteil, diese Buchmalerei ist nach dem Bild, das die bisherige Forschung von ihr gezeichnet hat, wesentlich bestimmt durch die ständige Auseinandersetzung mit älteren Vorlagen, durch Übernahme, Kopie und Umformung. Ausgehend von dieser Vorstellung hat man viel Mühe darauf verwandt, auch Godescalcs Vorlagen zu identifizieren, seinen Kenntnishorizont zu rekonstruieren und die Werke zu bestimmen, an denen er sich orientiert haben könnte.[12]

Besondere Aufmerksamkeit haben dabei die Evangelistenbilder gefunden;[13] dies nicht zuletzt deshalb, weil Evangelistenbilder das beherrschende Thema auch der übrigen Handschriften sind, die aus dem Hofscriptorium stammen und bei denen es sich – bis auf den Dagulf-Psalter – ausschließlich um Evangeliare handelt. Die von den Evangelisten des Godescalc-Evangelistars aus verfolgten Spuren führen freilich in die verschiedensten Richtungen. Daß die Vorlage des Godescalc nach Ravenna weist und mit einer ravennatischen Handschrift des sechsten Jahrhunderts zusammenhängt, dafür sprechen die Mosaikbilder der Evangelisten, die im Presbyterium von San Vitale in Ravenna angebracht sind.[14] In die aus der Zeit um 540/547 stammende Mosaikausstattung der Kirche sind die Bilder der Evangelisten als eigenständig gerahmte, hochrechteckige Felder eingefügt, ein Format, das

11 Ravenna, San Vitale, Mosaiken an der nördlichen Presbyteriumswand, um 540/47: Evangelisten Johannes und Lukas.

möglicherweise einen Hinweis auf ihre Herkunft aus der Buchmalerei gibt *(Abb. 11)*. Auch diese sitzenden Evangelisten sind einerseits mit ihren Büchern beschäftigt, wenden sich andererseits den Symbolwesen zu, die oberhalb ihrer Köpfe plaziert sind. Ist dieses Arrangement den Evangelisten Godescalcs vergleichbar, so unterscheidet sich das jeweilige Ambiente deutlich: hier eine Felsenlandschaft, bei Godescalc ein streifiger Hintergrund mit architektonischen oder landschaftlichen Versatzstücken.

Trotz der Unterschiede aber ist das Darstellungsschema eng verwandt – sitzender Evangelist unten, Symbol oben, in einem rechteckig gerahmten Feld. Demgegenüber setzen alle auf das Godescalc-Evangelistar folgenden Evangelistenbilder des Hofscriptoriums die Evangelisten unter eine von Säulen getragene Bogenstellung *(Abb. 12, 13)* und übernehmen damit ein aus dem monarchischen Repräsentationsbild der Spätantike herrührendes Architekturmotiv. Übertragen auf ein Evangelistenbild, war dieses Darstellungsschema schon gegen Ende des sechsten Jahrhunderts aus Rom in den Norden gelangt, und zwar im Zusammen-

12 **Paris, Bibliothèque nationale de France, lat. 8850. Evangeliar aus Soissons, fol. 81ᵛ: Evangelist Markus.**

13 **London, The British Library, Manuscript Collection, Harley Ms. 2788. Evangeliar, fol. 161ᵛ: Evangelist Johannes.**

hang mit der Bekehrung der Angelsachsen, zu der Papst Gregor der Große im Jahr 596 den Hl. Augustinus aussandte. Der Überlieferung nach erhielt Augustinus, inzwischen Erzbischof von Canterbury, um 600 von Gregor ein Evangeliar, das am Ende des Jahrhunderts in Italien, vielleicht in Rom entstanden war und das den Evangelisten Lukas unter einem säulengetragenen Bogen zeigt *(Abb. 14)*.[15]

14 **Cambridge, Corpus Christi College, The Parker Library, Ms. 286. Augustinus-Evangeliar, fol. 129v: Evangelist Lukas.**

15 Stockholm, Kungl. Biblioteket, Ms. A. 135. *Codex aureus* aus Canterbury, fol. 9ᵛ: Evangelist Matthäus.

Ebenfalls in Canterbury entstand um 750 eine Prunkhandschrift, aus der zwei Evangelistenbilder überliefert sind, die beide das Bogenschema in der Grunddisposition vorführen, die später auch vom karolingischen Hofscriptorium genutzt wird *(Abb. 15)*.[16] Ist in der insularen Buchkunst diese Form des Evangelistenbildes demnach schon in der Mitte des achten Jahrhunderts prominent nachzuweisen, so orientierte sich Godescalc anderweitig. Dies erscheint um so auffallender, als man stilistische Übereinstimmungen zwischen einem in den Jahren 796–799 für Bischof Egino in Verona gefertigten Codex und den Miniaturen Godescalcs konstatiert hat, die Kirchenväter-Darstellungen des Egino-Codex aber das Bogenschema vorführen *(Abb. 16)*.[17]

16 Berlin, Staatsbibliothek, Preußischer Kulturbesitz, Ms. Phillipps 1676. Egino-Codex, fol. 25ᵛ: Gregor der Große.

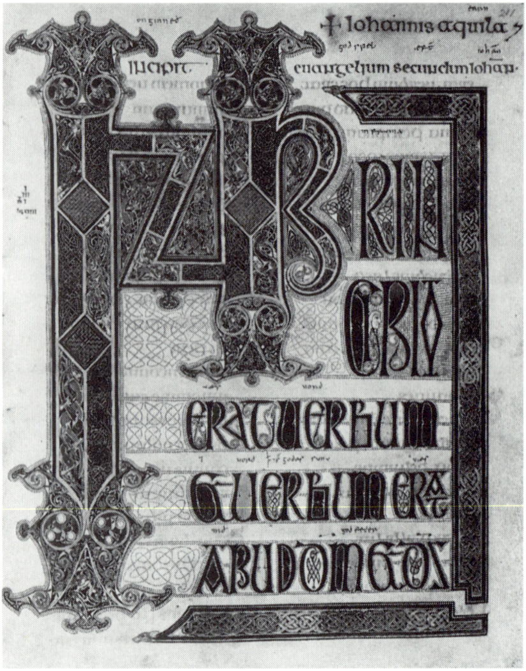

17 London, The British Library, Manuscript Collection, Cotton Ms. Nero D IV. Book of Lindisfarne, vor 698 (?) im Kloster Lindisfarne entstandenes Evangeliar, fol. 211^{r}: Beginn des Johannes-Evangeliums: *IN PRINCIPIO ERAT VERBUM* (Im Anfang war das Wort).
Die ersten drei Buchstaben (INP) sind zu einer Initiale verbunden; dabei hat das N einen langen Schaft mit dem I und einen kurzen mit dem P gemeinsam. Mit derartigen Initialen der insularen Buchmalerei ist die IN-Initiale am Textanfang des Godescalc-Evangelistars (vgl. *Abb. 9*) eng verwandt.

Neben möglichen Beziehungen zur zeitgenössischen oberitalienischen Buchmalerei bleibt demnach gerade in Hinblick auf das Evangelistenbild im Rechteckrahmen die ravennatische Kunst des sechsten Jahrhunderts für Godescalc bedeutsam. Gelegentlich hat man diese Spur noch über Ravenna hinaus bis nach Byzanz verfolgt und die Evangelistenreihe Godescalcs von frühbyzantinischen, in das siebte Jahrhundert zurückreichenden Evangelistendarstellungen beeinflußt gesehen, die allerdings nicht die Zufügung der Symbolwesen kennen. Ein einheitliches Bild ergibt sich aus diesen Nachweisen also nicht, zumal auch die Einflüsse der insularen Buchmalerei unübersehbar sind. Das Flechtwerk im Rahmen der ersten Textseite oder dem des Johannes *(s. Abb. 6, 9)* etwa ist in der insularen Ornamentik stets präsent. Ebenso ist die IN-Initiale, die Godescalc an seinen Textanfang setzt, in ihrer Konstruktion eine Erfindung der insularen Buchkunst: I und N haben einen langen, in der Vertikale zweigeteilten Schaft gemeinsam, während der zweite Schaft des N erheblich kürzer ist *(Abb. 17)*. Doch ist mit insularer Kunst, Oberitalien, Ravenna und Byzanz das Vorlagenpanorama noch keineswegs vollständig erfaßt. Für die dem Textanfang vorangehende Tempietto*-Architektur etwa finden sich die nächsten Parallelen in armenischen Evangelienhandschriften, beispielsweise dem in das Jahr 989 zu datierenden Evangeliar aus dem Kloster Etschmiadzin bei Eriwan *(Abb. 18)*.[18]

Die vom Godescalc-Evangelistar ausgehende Quellensuche zeitigt demnach ein verwirrendes Ergebnis, dessen Detailreichtum und Kompliziertheit leicht noch erweitert werden

18 **Eriwan, Matenadaran N. 2374. Cod. 229 der Patriarchalbibliothek von Etschmiadzin; 989 entstandenes Evangeliar, fol. 5^{v}: Ciborium auf der Seite nach den Kanontafeln und vor dem Matthäus-Evangelium. Als Abschluß der Kanontafeln und Einleitung in die Evangelientexte ist in dieser Architektur die Gesamtheit der Hl. Schrift aufgehoben.**

könnte, hier jedoch über das bisher Skizzierte hinaus nicht vertieft werden soll. Als Folgerung bleibt festzuhalten, daß Godescalc nicht allen von der modernen Stilkritik und Bildanalyse namhaft gemachten Anregungen und Bildtraditionen, von England bis Armenien, selbst nachgegangen sein kann. Ebensowenig aber kann es vorher einen Codex gegeben haben, der alle Bestandteile des Godescalc-Evangelistars bereits gesammelt enthalten hätte und nur kopiert zu werden brauchte. Man wird also sagen müssen, daß Godescalc neben Werken, die ihm möglicherweise in Italien vor Ort bekannt wurden,[19] vor allem Bücher zur Verfügung gestanden haben müssen, in die diese Traditionen eingegangen waren: griechische Handschriften vielleicht, römische, ravennatische oder oberitalienische.

Grundsätzlich bleibt ein solches Fazit, das in erster Linie aus dem Blick zurück – auf Voraussetzungen und Quellen – gewonnen ist, jedoch völlig unzulänglich. Einer auf Vorbild- und Quellensuche fixierten Forschung geriet nämlich das Neue und Eigene der karolingischen Werke – bei aller Beschwörung des karolingischen Neubeginns – paradoxerweise gerade nicht in den analytischen Blick, der gänzlich von der vorgeblich maßstabsetzenden älteren Vorlage gebannt blieb. So bescheinigte man dem Godescalc-Evangelistar als der frühesten Handschrift des Hofscriptoriums immer wieder, daß in ihm der Stil der Hofschule noch im Entstehen begriffen sei, noch unvollkommen und unsicher in Erscheinung trete, und attestierte den Miniaturen im Vergleich zu den antikisierenden Vorlagen vor allem Defizite, mangelndes Können und Unverständnis.[20] Die verbreitete Auffassung, das Godescalc-Evangelistar sei nur kompilatorisches Ausgleichsprodukt oder mäßig gelungene Wiederholung

älterer Vorbild-Handschriften, führt aber am Ende dazu, daß die hier vollbrachten eigenen Leistungen, die spezifischen künstlerischen und programmatischen Absichten geleugnet, nicht wahrgenommen, marginalisiert oder aber auf das möglichst getreue Kopieren von Vorlagen reduziert werden. Dem soll hier die These entgegengestellt werden, daß es im Godescalc-Evangelistar gerade nicht um die Neuauflage einer schon vorliegenden Handschrift ging, daß hier vielmehr – unter Nutzung und Verarbeitung älterer Quellen – die Gesamtanlage der Handschrift und das darin integrierte Bildprogramm für einen konkreten Anlaß völlig neu entworfen wurden.
Könnte man die stolze Selbsteinschätzung als *opus eximium* auch so verstehen, daß das Godescalc-Evangelistar nicht als getreue Kopie, sondern als originelle Neuschöpfung gewertet werden will, dann bleibt die Frage zu klären, wie und warum Godescalc so und nicht anders von seinen Vorlagen Gebrauch machte. Immer wieder hat man sich zum Beispiel über den Wechsel von den rechteckgerahmten Evangelistenbildern des Godescalc-Evangelistars zum Bogenschema in den nachfolgenden Handschriften *(s. Abb. 12, 13)* Gedanken gemacht und kühne Spekulationen über unterschiedliche Vorbilder oder deren Kombinationen angestellt. Die karolingischen Maler sind so letztlich in einem Gespinst kunsthistorischer Zuordnungs- und Ableitungskombinatorik verwoben, das die Frage nach den künstlerischen Absichten gar nicht erst aufkommen läßt. Ist aber nicht vorstellbar, daß Godescalc sich unter verschiedenen Vorlagen ganz bewußt für das rechteckige Evangelistenbild entschied, weil es für seine Zwecke am besten geeignet war? Wie bereits ausgeführt, erfährt in Godescalcs Evangelistenbildern die Beziehung

zwischen Evangelist und Symbol besondere Aufmerksamkeit, ein Thema, das im Bogenschema, bei dem das Symbolwesen meist in die Lünette verbannt ist, erheblich schwieriger umzusetzen ist.[21] Andere karolingische Maler haben dies dennoch versucht, und die Schwierigkeiten dabei sind unübersehbar *(s. Abb. 12)*. Godescalc jedenfalls kommt es offensichtlich auf diese thematische Zuspitzung an, die programmatisch am Beginn des Buches steht. Wenn dieser Evangelistentypus denn wirklich byzantinischen Ursprungs ist, dann wählte Godescalc dieses Vorbild nicht aus Unvermögen, Erfindungsnot, Einfallslosigkeit oder reiner Kopierlust, sondern weil sich mit ihm eine ikonographische Aussage formulieren ließ, die für das zugrundeliegende Buchkonzept und das darin entfaltete Bildprogramm unentbehrlich war.

GÖTTLICHE EINGEBUNG

Eine Körperhaltung und Gestik zu entwerfen, welche die mit dem Schreiben beschäftigten Evangelisten mit den über ihnen befindlichen Symbolwesen in Beziehung setzt, war für einen Maler eine ebenso reizvolle wie schwierige Aufgabe. Die Evangelistenbilder des Godescalc-Evangelistars mit ihrer Spannung zwischen Bewegungsmotiven, ausgestelltem Buch-

19 Rossano, Museo Diocesano di Arte Sacra, *ex Purpureus Rossanenis.* Evangeliar, fol. 121r: Evangelist Markus, dem die göttliche Weisheit den Evangelientext diktiert.

pult und Hintergrundraster muten daher wie die Erprobung neuer darstellerischer Möglichkeiten an, wie Experimente in der Darstellung von Körperlichkeit, im Umgang mit Figur und Raum. Dieser künstlerische Einsatz galt aber einem bestimmten Anliegen: der Darstellung der göttlichen Inspiration, die den Evangelisten zuteil wird.[22]

Schon das antike Autorenbild kennt das Thema der Muse, die einen Dichter, Philosophen oder Maler inspiriert. Im Evangeliar aus dem Schatz der Kathedrale in Rossano, einer aus dem sechsten Jahrhundert stammenden Purpurhandschrift, tritt vor den sitzenden Markus eine in ein blaues Gewand gekleidete Frau, die ihre Hand über die Schriftrolle des Schreibenden führt, dem eifrig schreibenden Evangelisten also seinen Text vorgibt *(Abb.19)*.[23] In einer ebenfalls im sechsten Jahrhundert entstandenen medizinisch-naturkundlichen Handschrift mit Texten des antiken Arztes Dioskurides zeigt eines der Autorenbilder einen Maler, der mit dem Bild einer Wurzel beschäftigt ist *(Abb.20)*.[24] Dabei wendet er sich aber von dem an die Staffelei gehefteten Blatt ab und richtet seinen Blick zurück auf eine hinter ihm stehende weibliche Gestalt, in der die Erfindungs- und Gedankenkraft personifiziert ist. Die Kopfwendung zurück, weg vom eigentlichen Schreib- und Malvorgang, wird zum körpersprachlichen Zeichen für das In-Empfang-Nehmen einer Inspiration, einer die Gedanken beflügelnden Eingebung.

In ebendieser Haltung richtet auch der Markus des Godescalc-Evangelistars seine Aufmerksamkeit nicht auf das Schreibpult; er wendet sich vielmehr im Schreiben dem Löwen zu, der hier offenbar die Stelle der weiblichen Inspirationsfigur einnimmt *(s.Abb.4)*. Die direkte Übernahme des spätantiken Bewegungsmotivs

20 Wien, Österreichische Nationalbibliothek, Cod. med. gr. 1. Dioskurides Pedanios, fol. 5v: Die Erfindungskraft hält dem Maler das Vorbild seiner Malerei, eine Wurzel, vor Augen.

im Markusbild macht die in den anderen Evangelistenbildern des Godescalc-Evangelistars ja ebenfalls hervorgehobene Beziehung zwischen Evangelist und Symbolwesen lesbar als Darstellung der göttlichen Eingebung.

In den schon erwähnten Visionsberichten bei Ezechiel und in der Apokalypse ist das Erscheinen Gottes von vier Wesen begleitet, die seit dem zweiten Jahrhundert als Vertreter der Evangelisten verstanden wurden. Hieronymus (um 350–420) war es dann, der die seitdem gültige und auch den Evangelistenbildern des Godescalc-Evangelistars zugrundeliegende Zuordnung dieser Wesen zu den einzelnen Evangelisten festlegte. Entsprechend ist hier jeder Evangelist begleitet von seinem Symbolwesen, das zugleich aber als Träger der göttlichen Eingebung, als Inspirationsfigur, die Heilsbotschaft Gottes, das Evangelium, an den Schreiber vermittelt. Damit kommt in diesen Bildern die ursprüngliche Bedeutung der Wesen als

HIC EVANGELICAE QVATTVOR ATQVE TVBAE

21 **Paris, Bibliothèque nationale de France, lat. 1. Bibel des Abtes Vivian, Tours 845/46, fol. 329v: Die *Maiestas Domini*, umgeben von Propheten und Evangelisten, als Titelbild zu den Evangelien.**

Zeichen Gottes verstärkt wieder ins Spiel. Dies ergibt sich auch daraus, daß auf die vier Evangelisten direkt das Thronbild Christi folgt *(s. Abb. 7)*, das, wie oben bereits ausgeführt, Motive der apokalyptischen Thronvision verarbeitet.

Die christliche Kunst hat mit diesen Motiven schon früh das Thema der *Maiestas Domini* formuliert: der thronende Christus, häufig umgeben von einer Gloriole, um ihn gruppiert die vier Wesen, die der Deutung der Kirchenväter gemäß sehr oft durch die Beigabe von Büchern als Evangelistensymbole ausgezeichnet sind. Dieses Thema erlangt in den um die Mitte des neunten Jahrhunderts im karolingischen Scriptorium von Tours geschriebenen und illustrierten Bibeln eine monumentale und richtungweisende Gestalt. Dabei sind auf der Majestas-Seite in der 845/46 entstandenen Bibel des Abtes Vivian[25] *(Abb. 21)* nicht nur die vier Evangelisten auf den im Zentrum einer achtförmigen Mandorla thronenden Christus bezogen, sondern zusätzlich noch ihre Vorgänger, die Propheten als die alttestamentlichen Verkünder des göttlichen Wortes. Auch hier ist das Augenmerk gerichtet auf das Schreiben und Verfassen der Bücher durch die Evangelisten, sind ihnen Bücherkisten und Schreibutensilien beigegeben. Ihre Autorentätigkeit bleibt aber ganz auf Christus bezogen; ihn schauen sie an, wobei dies wiederum Markus in der linken unteren Ecke mit einer markanten Kopfwendung am deutlichsten kundtut.

Ein inhaltlicher Aspekt dieser *Maiestas Domini* ist somit die gemeinsame Herkunft aller vier Evangelien von Gott, der Gedanke der Evangelienharmonie, der in der symmetrischen Gruppierung der Evangelisten zum Ausdruck kommt. Daher ist in der Vivians-Bibel die Bildseite mit der Majestas als Titelbild vor den

22 Paris, Bibliothèque nationale de France, lat. 266. Lothar-Evangeliar Tours 849/851, fol. 22^{v}: Auch hier ein inspirierter Evangelist – Matthäus –, der die göttliche Eingebung vom Engel erwartet.

Evangelien angeordnet. Die vier Evangelien haben als Offenbarung Gottes, als Heilige Schrift, nur einen Ursprung und ein Ziel. Insofern läßt sich die Bildfolge der ersten Seiten des Godescalc-Evangelistars auch wie eine in ihre Einzelteile zerlegte, sukzessiv entwickelte Majestas lesen. Die damit verbundene Vorstellung von der Evangelienharmonie, die in der Zentralkomposition mit der direkten Ausrichtung der Evangelisten auf das gemeinsame Zentrum, Christus, vermittelt und auf einen Blick erschlossen wird, bleibt auch im Godescalc-Evangelistar in der Hintereinanderreihung gegenwärtig, wird allerdings mit anderen Mitteln artikuliert. Hier übernehmen die vier Wesen die Aufgabe, die Evangelisten mit ihrem gemeinsamen Bezugspunkt zu verbinden. Neben der wichtigen Rolle, die sie als Überbringer der göttlichen Eingebung in den Evangelistenbildern spielen, gehören sie als Gotteszeichen zum thronenden Christus und tragen daher, obwohl den Evangelisten zugeordnet, selbst keine Bücher, wie dies sonst häufig der Fall ist *(s. Abb. 12–15, 22)*. Über diese Verklammerung mit dem Hauptbild wird die Bedeutung der Evangelistenbilder als Autorenbilder erweitert und präzisiert. Die einzelnen Evangelisten verfassen nicht kraft eigener Erfindungsgabe profane Texte; es geht um die eine, durch höhere Eingebung vermittelte, göttliche Botschaft, zu deren Niederschrift die Symbolwesen so augenfällig drängen. Auch die Regie der Körperdarstellung und Gesten ist ganz auf diesen Gedanken abgestimmt. In der Hintereinanderreihung sind Evangelisten und Christus im Größenmaßstab nicht unterschieden, wie es im simultanen Majestasbild sonst in der Regel der Fall ist; hier dagegen erscheint die Darstellung Christi wie ein fünftes Autorenbild: Der ruhig und frontal thronende Christus bildet so die geistige Mitte; auf ihn gehen die Texte in Wahrheit zurück. Alle vier Evangelisten bringen die von ihm ausgehende, die *eine* Erlösungsbotschaft aufs Pergament – in göttlichem Auftrag, der sie sichtbar in Bewegung versetzt.

Außer auf Evangelienharmonie und Inspiration lenkt die Darstellungsweise der Evangelistenbilder ein besonderes Augenmerk auf die spezielle Vermittlungsform der göttlichen Botschaft, auf Schrift und Buch. Dies steht in Einklang mit dem Verständnis des Christentums als Buchreligion, mit der schon von den Kirchenvätern geäußerten Überzeugung von der Einzigartigkeit der Heiligen Schrift. Die Bedeutung dieser Vorstellung für das Entstehen der mittelalterlichen Buchkultur kann gar nicht überschätzt werden,[26] und auch Evangelistenbilder sind als Beiträge zu einer Ikonographie des Schreib- und Buchwesens generell vor diesem Hintergrund zu sehen. Dennoch wird man sagen können, daß das Thema im Scriptorium am Hofe Karls des Großen, insbesondere aber im Evangelistar Godescalcs einen besonderen Stellenwert gewinnt.
Schon der bemerkenswerte Umstand, daß die im Hofscriptorium geschaffenen Miniaturen ganz überwiegend Evangelistenbilder sind, deutet in diese Richtung. Noch schärfere Konturen erhält das Thema in der Serie des Godescalc-Evangelistars. Schon ältere Evangelistenbilder *(Abb.14)* kennen das Vorweisen eines Buches etwa in der Art, wie Godescalcs Matthäus den geöffneten Codex präsentiert *(s. Abb.3)* und wie sie auch in den späteren Evangelistenbildern des Hofscriptoriums variiert immer wieder aufgegriffen wird *(Abb.13)*. Was in der Evangelistenserie des Godescalc-Evangelistars auffällt, ist die Systematik, mit der eine durchgehende Bildregie das demonstrative Ausstellen des Buches und seine Verknüpfung mit dem Inspirationsmotiv verfolgt. In den Bildern von Matthäus und Lukas *(s.*

Abb.3, 5) zielt das inspirierende Symbolwesen jeweils aus der oberen rechten Ecke auf den weiter links und etwas tiefer befindlichen Kopf des Evangelisten; gleichzeitig gilt dieser Impuls aber auch dem zwischen Evangelist und Symbol positionierten Buch. Eine subtile Bildregie erweitert die – bei Matthäus durch die Gestik des Engels, im Lukasbild durch die aneinanderstoßenden Nimben – pointierte Zweierbeziehung Wesen-Evangelist zu einem Dreieck. Im Lukasbild markiert die Oberkante des Buches genau die Aktionsrichtung des Stieres, führt von den Vorderfüßen des Tieres zur Schulter des Evangelisten und bezieht so das Buch in die »Inspirationsbewegung« mit ein. Entsprechend neigt sich der Engel des Matthäus dem Buch auf die gleiche Weise zu wie dem Evangelisten; erst durch den abgewinkelten Unterarm mit der deutenden Hand gewinnt seine Orientierung Eindeutigkeit, da der Oberarm und das herabfallende Gewand zum Buch gerichtet sind. Zusätzlich setzt die geschwungene Oberkante des von Matthäus gehaltenen Buches die Konturlinie seiner Schulter bis zum Gewandzipfel des Engels fort.

Sind bei Matthäus und Lukas Symbol, Evangelist und Buch in einer Dreiecks-Figuration verbunden, so werden diese Elemente in den beiden anderen Evangelistenbildern in einer fallenden Geraden miteinander verknüpft *(s. Abb.4, 6)*. Hier erscheinen Löwe und Adler oben links als Anfangspunkte einer nach rechts unten zielenden Linie. So ist die Körperneigung des Löwen in dem schräg gestellten Buch des Markus gespiegelt. Aufgrund der frontalen Sitzposition des Johannes ist die lineare Abfolge von Wesen, Evangelistenkopf und Buch im Johannesbild nicht so deutlich, doch wird hier durch die Ornamentborte des Gewandes eine Verbindungslinie zum Buch geschaffen.

Der Rhythmus dieser Figurationen läßt in den so verschiedenartigen Darstellungen der vier Gestalten nicht nur durchgehend die Beziehung zwischen Symbol, Evangelist und Buch zum Thema werden, sondern focussiert dies prägnant auf das Buch hin. In der Vielfalt der Kompositionslinien, Körperhaltungen und Bewegungen gibt es eine Konstante: die Position des aufgeschlagenen Buches. Es befindet sich immer rechts vom Evangelisten, in der rechten Bildhälfte, demonstrativ ausgebreitet, viermal in annähernd derselben Schrägstellung. Diese viermal wiederholte Konstellation ist bei Markus und Lukas zusätzlich akzentuiert. Hier sind die Buchpulte, mit ihren Füßen den Ornamentrahmen überschneidend, in Richtung Betrachter aus dem Bildraum herausgestellt. Nachdrücklich wird so innerhalb des Bildthemas und seiner kompositionellen Bewältigung ein gesondertes Augenmerk auf Buch und Schrift gelenkt.
Wie wenig selbstverständlich dies ist, erweist etwa der Blick in das um 850 in Tours entstandene Evangeliar des Kaisers Lothar, in dessen Evangelistenbildern das Inspirationsmotiv ähnlich eindrucksvoll wie im Godescalc-Evangelistar inszeniert ist.[27] Doch selbst im Bild des Matthäus *(s. Abb. 22)*, dessen Rotulus* noch deutlich mit dem Buch des Engels korrespondiert, ist die Schriftrolle nicht so pointiert Element der Inspirationsbeziehung, wie es im Godescalc-Evangelistar die Bücher sind; die Rolle geht eher im Körperkontur des Evangelisten auf.
Wie in keiner der bisher erschlossenen Vorlagen werden im Godescalc-Evangelistar Buch und Schrift in ihrer Eigenschaft als Träger der göttlichen Offenbarung, als Heilige Schrift zum eigentlichen Thema der Darstellungen gemacht. Das göttliche Wort geht, vermittelt

23 Godescalc-Evangelistar, fol. 2r (Ausschnitt, vgl. *Abb. 5*): Das aufgeschlagene Buch des Evangelisten Lukas. In Goldlettern ist in ihm der Beginn des Lukas-Evangeliums zu lesen: *QUONIAM QUIDEM MULTI CONATI SUNT ORDINARE NARRATIONEM RERUM, QUAE IN NOBIS COMPLETA EST RERUM* (Viele haben es schon unternommen, Bericht zu geben von den Geschichten, die unter uns geschehen sind [Luk. 1,1]).

durch die Schreibtätigkeit der Evangelisten, in das Buch ein – und dies ist im Evangelistenbild direkt ablesbar, und zwar im wörtlichen Sinne: Die aufgeschlagenen Seiten der Bücher im Buch zeigen die Anfangsworte der jeweiligen Evangelien in Goldschrift *(Abb. 23)*.[28] So werden Schreiben und Schrift zu herausgehobenen und durch Vergoldung nobilitierten Tätigkeiten und Bildgegenständen. Nicht nur Nimben und Namenstituli sind vergoldet; auch Feder und Tintenfaß und bei Markus und Lukas zusätzlich die Auflagefläche der herausgestellten Buchpulte erscheinen goldfarben. Die durch die Lesart ›Evangelistenbilder als Autorenbilder‹ etablierte Korrespondenz zwischen der Bildsequenz und den darauf folgenden Texten wird damit inhaltlich vertieft. Neben die Bilder treten »Schriftbilder«, in Rahmen präsentierte Textseiten, und komplementär dazu machen die Bilder die Wertschätzung des Textes zu ihrem Thema.

Die Bücher im Buch sind somit auch als eine Reverenz an das aufgeschlagen vor Augen liegende Evangelistar selbst zu werten; den Rang, den die Eingangssequenz der Evangelistenbilder für Schrift und Buch reklamiert, münzt die Handschrift selbst folgerichtig in ihrem Manuskriptteil aus, wenn ihre purpurgefärbten Textseiten – eine schon spätantike Praxis aufnehmend – ebenfalls Gold- und Silberschrift tragen. Zusätzlich sind alle Texte – die in zwei Kolumnen geschriebenen Perikopen ebenso wie das Widmungsgedicht – den Bildseiten vergleichbar mit einem breiten Ornamentrahmen gefaßt. So eng wie möglich sind damit Bildzyklus und Texte aufeinander bezogen, und der Text wird ebenso kostbar präsentiert wie die Bildseiten *(s. Abb. 35)*.

Läßt man nun die gesamte Folge der Darstellungen von Evangelisten und Christus Revue passieren, dann fällt auf, wie die aufgeschlagenen Evangelienbücher in Konkurrenz zu dem geschlossenen Codex in der Hand Christi treten; dies um so mehr, als der einer frontalen Sitzposition angenäherte Evangelist Johannes (fol. 2^{v}) und das Christusbild (fol. 3^{r}) ja direkt nebeneinander plaziert sind *(s. Abb. 6, 7)*, so daß das Gegenüber von aufgeschlagen daliegendem Evangelienbuch mit den Anfangsworten des Johannesevangeliums und dem im Arm Christi geschlossen gehaltenen Buch geradezu inszeniert wirkt. Christus hält das Buch, das zu öffnen niemand für würdig befunden wird, wie es in der Apokalypse heißt (Apok. 5, 2 ff.). Daß demgegenüber die aufgeschlagenen Bücher der Evangelisten auf ein Publikum spekulieren, als Schriftwerdung der göttlichen Botschaft darauf angelegt sind, gelesen zu werden, ist offensichtlich und durch die Bildregie konsequent gefordert. Gleichzeitig aber ist die Frontalität Christi direkt dem Betrachter zugewandt, während die Aufmerksamkeit der Evangelisten ja gänzlich den Symbolen gilt. Mit diesem dramaturgischen Kunstgriff wird erneut die Rolle der Evangelisten als nur vermittelnde Instanz hervorgehoben. Gott selbst wendet sich mit den Evangelienbüchern an die Menschen, während diesen der *Liber vitae* noch verschlossen ist. Die apokalyptische Motivik des Christusbildes formuliert für dieses Anliegen, für das dem Buchnutzer angetragene Lesen des Gotteswortes, Funktionszusammenhang und Zielvorstellung: Für die Erlangung des in der Zukunft liegenden Heilsziels, für das Eingehen in Himmelsstadt und Paradies, ist die Schrift göttlichen Ursprungs unentbehrlich.

Godescalc-Evangelistar (vgl. *Abb. 6, 7*): Evangelist Johannes und Christus.

Wie intensiv die künstlerische Umsetzung und Vermittlung dieses Themas den Kreis der Gelehrten und Künstler um Karl den Großen be-

schäftigt hat, wird sich im Folgenden auch an anderen Bilderfindungen der Hofschule noch zeigen. Im Godescalc-Evangelistar ist dieser Befund nicht allein aus den Miniaturen am Anfang der Handschrift zu erschließen: Er wird außerdem programmatisch im ersten Teil des Widmungsgedichtes auf den beiden letzten Seiten des Codex formuliert. Schon die erste Zeile ist auf Material und Erscheinungsbild der Textseiten bezogen:

> *Aurea purpureis pinguntur grammata scedis.* (Die goldenen Buchstaben werden auf purpurnen Blättern gemalt. [s. Anhang, S. 98, V. 1])

Die Goldbuchstaben auf Purpurgrund versprechen das Himmelreich und himmlische Freuden; das in Goldschrift greifbare Gotteswort geleitet in das Reich Gottes:

> *Sic doctrina dei pretiosis scripta metallis / Lucida luciflui perducit ad atria regni.* (So führt die Lehre Gottes, geschrieben mit kostbaren Metallen, zu den lichten Hallen des lichtströmenden Reiches [Gottes]. V. 12f.)

Kein Text ist bekannt, der schon vorher einmal auf ähnliche Weise über die Bedeutung einer Handschrift, ihrer Materialien und Farben, gesprochen hätte.[29] Festzuhalten ist dabei, daß hier nicht allgemein auf die Heilige Schrift als Mittel der Gotteserkenntnis abgehoben ist, sondern vielmehr wie niemals zuvor die Materialisierung der *doctrina Dei* im Buch, im kostbar ausgestatteten Buch zur Diskussion steht. Der Rang des Buches als Träger der durch die Evangelisten vermittelten authentischen Texte göttlichen Ursprungs, als Träger des Gotteswortes, das zum Heil führt: dies ist der Tenor des Bildprogramms wie der ersten Verse des Widmungsgedichtes.

So sehr die Darstellungen Christi und der Evangelisten also auf das Thema Schrift und Buch zugespitzt sind und damit die kostbare Präsentation des Textes erklären, legitimieren und vorbereiten – der Text setzt nicht sogleich auf der an diese Darstellungen anschließenden Doppelseite ein. Zwischen Christusdarstellung und Textbeginn ist vielmehr eine weitere Bildseite eingeschaltet: die bereits erwähnte Baldachinarchitektur *(s. Abb. 8)*.

Was aber haben diese Architektur und die um sie gruppierte Tierwelt mit dem Textbeginn – dem Bericht über Abstammung und Geburt Jesu – zu tun, und was mit der dargelegten göttlichen Herkunft und dem Heilscharakter der in diesem Buch niedergeschriebenen Texte?

Den Antworten auf diese Fragen kommt man näher durch den Blick in ein Evangeliar, das etwa zwanzig Jahre nach dem Godescalc-Evangelistar ebenfalls im Hofscriptorium angefertigt wurde und das vermutlich im Jahre 827 von Karls Sohn, Ludwig dem Frommen, an die Medardus-Kirche in Soissons gegeben wurde.[30] In diesem Evangeliar findet sich eine vergleichbare Darstellung, die sich ganz offensichtlich auch an der des Godescalc-Evangelistars oder an einem gemeinsamen Vorbild orientiert *(Abb. 24)*. In dieser späteren Fassung nun ist deutlich zu erkennen, daß die bereits erwähnte niedrige Mauer zwischen den Säulen ein Wasserbecken einfaßt; eine Brunnenarchitektur ist hier also gemeint, genauer: der *fons vitae*, der Lebensbrunnen. Nachdem zuvor die Bedeutung von Buch und Schrift auf dem Weg zum Heil thematisiert wurde, kommt mit diesem von acht Säulen umstandenen Wasser-

24 **Paris, Bibliothèque nationale de France, lat. 8850. Evangeliar aus Soissons, fol.6^{v}: Auch in dieser Handschrift des Hofscriptoriums findet sich eine Darstellung des Lebensbrunnens, plaziert auf der Seite nach den Prologen und vor den Kanontafeln.**

becken zusätzlich die reiche biblische Wassermetaphorik ins Spiel: das Wasser des Lebens, des Heils, der Erlösung.
Die Apokalypse spricht von einem Strom lebendigen Wassers, der vom Throne Gottes ausgeht (Apok.22,1), und so mag sich auch die Position des Blattes im Anschluß an das Thronbild Christi erklären, auch wenn hier eher ein Brunnen als ein Strom zu sehen ist. Im Buch Genesis wird von den vier Paradiesesströmen berichtet, die den Garten Eden bewässern (Gen.2,10ff.). Psalm 41,2 erwähnt den Hirsch, der nach der Wasserquelle lechzt wie die Seele nach Gott; und im Johannesevangelium heißt es entsprechend, daß eine Wasserquelle ewiges Leben schenkt (Joh.4,14). Schon die frühchristliche Kunst kannte daher die Darstellung eines Wassers oder eines Gefäßes (Kantharos), dem sich von zwei Seiten Tiere nähern, als Paradies- und Erlösungsmotiv *(Abb.25)*. Auch ohne daß die Tiere so schema-

25 **Ravenna, Mausoleum der Galla Placidia, Mosaik, 1.Hälfte 5.Jahrhundert. Zwei Hirsche an einer Wasserquelle als Paradies- und Erlösungsbild.**

tisch ausgerichtet sind, scheint in der Brunnendarstellung des Godescalc-Evangelistars diese ältere Formel wieder auf, wobei mit dem gehörnten Tier unten rechts der zur Wasserquelle strebende Hirsch nach Ps. 41,2 gemeint sein mag.

Die Aufnahme dieses Themas in das Bildprogramm des Godescalc-Evangelistars lag nun insofern nahe, als schon die Kirchenväter die vier Paradiesesströme als Gleichnis für die vier Evangelisten und Evangelien aufgefaßt haben.[31] Das erfrischende Wasser steht für die Erlösung durch das Wort Gottes. Diese alte Vorstellung ist in der Karolingerzeit häufig anzutreffen, nicht nur in theologischer Literatur und Bibelexegese, sondern auch konkret im Zusammenhang mit Büchern. Nicht zufällig findet sich die einzige Parallele zur Darstellung des Godescalc-Evangelistars in einer anderen Handschrift der Hofschule, dem Evangeliar aus Saint-Medard in Soissons. Das sogenannte Ada-Evangeliar, ebenfalls aus dem Hofscriptorium, wird in den Versen seines Kolophons* als *liber vitae* bezeichnet und mit den vier Paradiesesströmen gleichgesetzt:

Hic liber est vitae paradisi et quattuor amnes ... (Dies ist das Buch des Lebens und die vier Ströme des Paradieses ...)[32]

Noch um 850 ist dieses Thema einer Majestas-Darstellung eingeschrieben, und zwar im bereits erwähnten Lothar-Evangeliar *(Abb. 26)*.[33] Christus, in der Mandorla thronend, ist von den vier Wesen umgeben, die mit Büchern versehen als Evangelistensymbole gekennzeichnet und mit heftigen Kopfwendungen auf Christus ausgerichtet sind – das Motivrepertoire des siebzig Jahre zuvor entstandenen Godescalc-Evangelistars also. Die Verbindung dieser Motive mit der Wasserthematik übernimmt in der Majestas des Lothar-Evangeliars ein Distichon,

26 **Paris, Bibliothèque nationale de France, lat. 266. Lothar-Evangeliar, Tours 849/851, fol. 2ᵛ: *Maiestas Domini*; die Verse ober- und unterhalb des Rahmens bezeichnen Christus als Quelle, aus der die Evangelien entströmen.**

QUATTUORHICRUTILANT UNODEFONTE FLUENTES

MATTHEI MARCI LUCAE LIBRI ATQUE IOHANNIS

dessen Verse ober- und unterhalb des Rahmens angeordnet sind:

> *Quattuor hic rutilant uno de fonte fluentes / Matthei Marci Lucae Libri atque Iohannis.*
> (Hier erglänzen, aus einer Quelle hervorfließend, die vier Bücher des Matthäus, Markus, Lukas und Johannes.)

Auch hier ist der Gedanke der Entsprechung von Wasser und Heiliger Schrift formuliert, die in ihrer Heilswirkung verbunden sind. Die Bilderfindung im Godescalc-Evangelistar ist daher auch nicht allein als Brunnen- und Wasserdarstellung zu verstehen; in ihr ist zugleich die Vorstellung von der Einheit der in vier Evangelien überlieferten Heiligen Schrift verkörpert.[34]

Es wurde schon gesagt, daß die engsten Parallelen zu dieser Miniatur – die im Evangeliar aus Soissons einmal ausgenommen – sich in armenischen Evangeliarhandschriften finden, die offenbar eine ältere, weit hinter ihre Entstehungszeit zurückreichende östliche Bildtradition bewahrt haben, eine Bildtradition, die möglicherweise noch auf Eusebius von Caesarea zurückgeht.

Eusebius (um 260–339), Bischof von Caesarea, Historiker, Hoftheologe und Ratgeber Kaiser Konstantins, ist auch der Erfinder der Kanontafeln*. Um die in den vier Evangelien jeweils übereinstimmenden Textstellen leichter auffindbar und vergleichbar zu machen, gab Eusebius allen vier Evangelien abschnittweise fortlaufende Ordnungsnummern. Diese stellte er dann zu Tabellen, *canones*, zusammen, aus denen entsprechend ablesbar ist, ob ein Abschnitt nur bei einem Evangelisten vorkommt oder ob und an welcher Stelle es Parallelen in den anderen Evangelien gibt. Vermutlich gab bereits Eusebius diesen Tabellen oder Kanontafeln die Form von Bogenarchitekturen, die

27 **Florenz, Biblioteca Medicea Laurenziana, Ms. laur. Plut. 1.56. Rabula-Evangeliar, 586, fol. 9v: In die Kanontafel-Bögen sind eigene Tempietto-Architekturen für die Evangelisten Matthäus und Johannes integriert.**

dann in immer neuen Variationen bis ins hohe Mittelalter in Gebrauch blieb.[35]

In einem sehr früh zu datierenden Evangeliar, dem 586 in Mesopotamien entstandenen Rabula-Codex[36], sind in die Folge dieser Kanonbögen die Evangelistenbilder integriert *(Abb. 27)*. Dabei sitzen die Evangelisten Matthäus und Johannes in eigenen kleinen Tempietto-Architekturen, die durch einen großen aufgebogenen und mit Vögeln besetzten Architrav* verbunden sind. Von Ferne läßt diese Figuration eine Verwandtschaft mit der Brunnenarchitektur des Godescalc-Evangelistars erkennen, auf deren Dach ebenfalls Vögel hocken.

Noch näher an den Brunnen-Tempietto Godescalcs führt aber eine andere mit den

Kanontafeln im Zusammenhang stehende Architekturdarstellung heran. Wohl schon im eusebianischen Urexemplar bildete den Anfang oder den Abschluß der Kanonserie eine kleine Rundarchitektur, ein Ciborium*. Als Abschluß der zehn Kanones vor dem Matthäus-Evangelium plaziert, hat diese Architektur wie in dem bereits erwähnten Etschmiadzin-Evangeliar *(s. Abb. 18)* so auch in weiteren armenischen Evangelien-Handschriften des zehnten und elften Jahrhunderts überlebt, in anderen griechischen Handschriften ist sie als Anfang der Kanontafeln überliefert.[37] Offenbar hat die Vorstellung von Einheit und Gesamtheit der vier Evangelien, wie sie in den Kanontafeln ablesbar wird, etwas mit dieser Architektur zu tun. In ihr sind die Kanonbögen zusammengeschlossen, in ihr findet sich die Harmonie der vier Evangelien, die Gesamtheit der Heiligen Schrift aufgehoben: sie ist eine ›Schriftarchitektur‹, ein ›Textciborium‹.

Daß dieser Gedanke in den karolingischen Handschriften noch lebendig ist, zeigt sich auch im Soissons-Evangeliar. Dort folgt der Lebensbrunnen den Prologtexten nach (fol. 2ʳ–6ʳ); er ist damit auf der Seite (fol. 6ᵛ) unmittelbar vor den Kanontafeln (fol. 7ʳ–12ᵛ) plaziert, erfüllt also auch hier offensichtlich die Funktion einer den Gesamttext repräsentierenden Architektur. Diese Deutung liegt beim Soissons-Evangeliar auch deshalb nahe, weil sich in dieser Handschrift außer dem ›Textciborium‹ des Lebensbrunnens vor den Kanontafeln noch eine weitere ganzseitige Architekturdarstellung *(Abb. 28)* findet. Wie ein Titelbild leitet sie das Evangeliar ein, steht auf fol. 1ᵛ noch vor den Prologtexten, die damit ihrerseits durch beide Architekturen eingefaßt sind.

Evangeliar aus Soissons (Ausschnitt, vgl. *Abb. 28* auf der folgenden Seite): Die Anbetung des Lammes.

Über einem breiten Querstreifen ist im oberen Teil der Miniatur eine Anbetungsszene dargestellt: Die Anbetung Gottes durch die 24 Ältesten, wie sie im vierten Kapitel der Apokalypse geschildert ist. Von rechts und links wenden sich je zwölf der Ältesten der Mitte zu. Im Farbstreifen zu ihren Füßen wimmelt es von Fischen; gemeint ist hier das gläserne, kristallgleiche Meer, das sich vor dem Thron erstreckt (Apok. 4,6). Statt des im Himmel Thronenden (Apok. 4,2) ist hier jedoch in einem Goldmedaillon das Lamm Mittelpunkt der Verherrlichung; damit wird auf das fünfte Kapitel der Apokalypse Bezug genommen (Apok. 5,6). Die Anregung, beide Anbetungsszenen der Apokalypse in einer Illustration zu verbinden, hat der Illustrator mit Sicherheit einem Text des Kirchenvaters Hieronymus entnommen. In diesem Text beschäftigt sich Hieronymus mit der Frage, welche der überlieferten Evangelientexte authentisch sind. Er beharrt auf der Vierzahl, und als Hauptargument dient ihm die Anzahl der Paradiesesströme, vor allem aber die Vierergruppe von Wesen, die schon in der

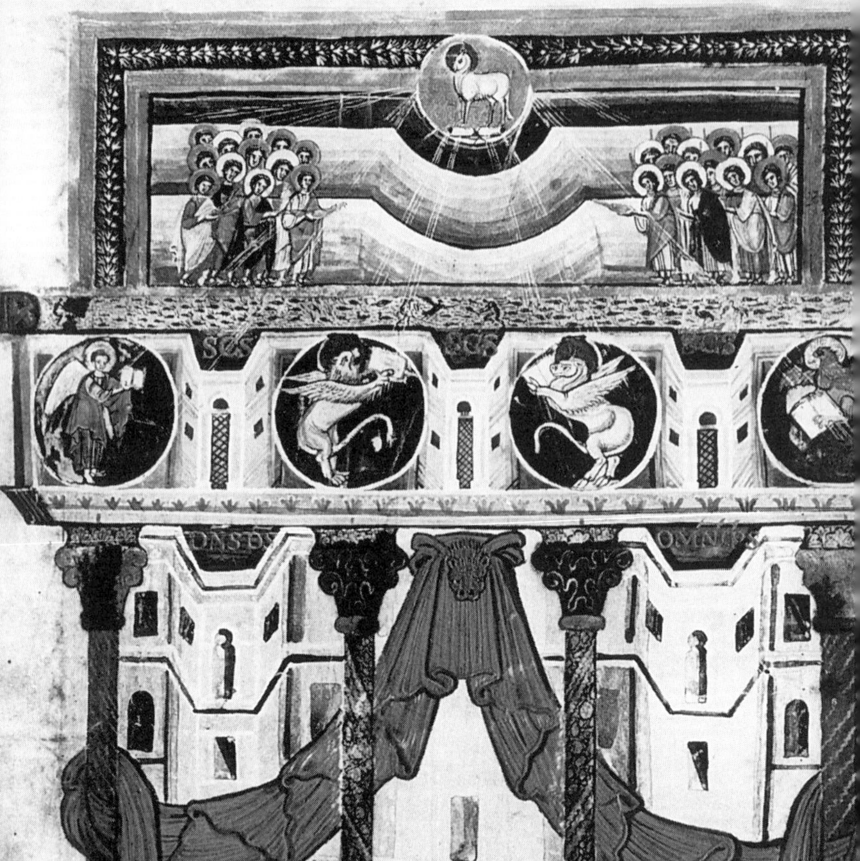

SCS
SCS

28 **Paris, Bibliothèque nationale de France, lat. 8850. Evangeliar aus Soissons, fol. 1v: Das Heilsgebäude der Kirche mit den Evangelisten als Säulen; in der oberen Bildzone die Anbetung des Lammes.**

Ezechielvision (Ez. 1,5–12) das Erscheinen Gottes begleiten und dann auch in der Apokalypse bei der Anbetung durch die 24 Ältesten um den Thron Gottes gruppiert sind.[38] Mit diesem Argument weist Hieronymus vor allem auf den Zusammenhang der Heiligen Schrift in Altem und Neuem Testament hin – die Vierzahl der Evangelien sei schließlich schon beim Propheten Ezechiel und im Schöpfungsbericht (Paradiesesströme) angelegt.

Dieser die Ursprünglichkeit der vier Evangelien bestätigende Text des Hieronymus wurde zu einem festen Bestandteil von Evangeliaren, und auch den Evangelienbüchern der Hofschule ist er als Prolog stets beigefügt. Insofern ist das Titelbild des Soissons-Evangeliars als Illustration des unmittelbar anschließenden Hieronymus-Prologes anzusehen; allerdings wäre die Darstellung als reine Prologillustration erheblich unterschätzt.[39] Es fällt ja auf, daß die vier Wesen, mit Büchern ausgestattet und demnach als Evangelistensymbole ausgewiesen, aus der eigentlichen Anbetungsszene ausgegliedert und in eigene Medaillons eingefaßt sind. Unterhalb des Querstreifens mit diesen Evangelistenmedaillons ist eine große Säulenarchitektur wiedergegeben; dominierend gegenüber der im oberen Blattdrittel zusammengedrängten Anbetungsszene beansprucht diese Architektur das erste Augenmerk. Vier marmorierte und gemusterte Säulen, von einer vor- und zurückspringenden Fassadenarchitektur hinterfangen, tragen die oberen Bildpartien. Dabei ist ein leuchtend roter Vorhang, von der Mitte herabfallend, um die äußeren Säulen gewunden.

Dieses Architekturmotiv, vier Säulen mit einem Vorhang, beruht ebenfalls auf einer biblischen Quelle. Im Buch Exodus wird das Zeltheiligtum beschrieben, das Moses im Auftrage Gottes errichten ließ. Auf ihrem Zug durch die

Wüste führten die Israeliten dieses *tabernaculum* mit sich, das der Aufbewahrung der Bundeslade diente. Der Raum der Bundeslade, das Allerheiligste, war vom übrigen Heiligtum durch einen purpurnen Vorhang abgetrennt, der an vier mit Gold überzogenen Säulen auf Silberbasen befestigt war (Ex. 26,31 ff.). Wie schon die Kirchenväter haben nach ihnen auch nahezu alle mittelalterlichen Theologen dieses alttestamentliche Heiligtum als Vorausdeutung auf die christliche Kirche verstanden. Die vier Säulen bedeuteten den Bibelexegeten daher die Apostel und Kirchenlehrer, spezieller noch die vier Evangelisten, die, fest im Glauben gegründet, die Kirche stützen.[40] Diese Vorstellung ist hier wohl maßgebend, wenn die vier Wesen als Evangelistensymbole sich zwar nach oben zum Lamm hin orientieren, die Bildkomposition sie aber mehr noch in die Architektur unten einbezieht: Die Medaillons sind achsial genau über den Säulen angeordnet. Das alttestamentliche *tabernaculum* als Vorausdeutung auf die Kirche Christi, gestützt von den Evangelisten, ist demnach hier gemeint.
Der um die Evangelisten-Säulen geschlungene Vorhang gibt den Zutritt zum Allerheiligsten frei, und so wird er schon im bedeutendsten frühmittelalterlichen Kommentar zum *tabernaculum*, der von dem angelsächsischen Mönch Beda Venerabilis (672/73–735) stammt, als Zeichen des Himmels verstanden.[41] In diesem Zusammenhang kommt einem Detail besondere Bedeutung zu: Auf dem Vorhang prangt in Höhe der Säulenkapitelle ein goldener Löwenkopf, ein Gegenstand, der rätselhaft wirkt und mit »Himmel« nicht so einfach in Verbindung zu bringen ist. Es wurde schon gesagt, daß für die Anbetungsszene oben das fünfte Kapitel der Apokalypse entscheidende Anregungen lieferte. In diesem Kapitel ist aber auch vom Löwen aus

dem Stamm Juda, gemeint ist damit Christus, die Rede, dessen Sieg von einem der 24 Ältesten verkündet wird (Apok. 5,5). Der Löwenkopf weist also auf Christus hin, der den Zugang zum Himmel eröffnet.[42]

Es könnte nun der Eindruck entstehen, die Soissons-Miniatur sei wie ein in zahlreiche, für sich jeweils bedeutungsvolle Details auseinanderfallendes Bilderrätsel zu begreifen. Dies wäre jedoch ein Mißverständnis. Es gelingt dem karolingischen Künstler nämlich, die zahlreichen Motive in einer komplexen, subtil kalkulierten Bildkomposition zusammenzubinden und auf einen thematischen Schwerpunkt zu verpflichten. Diesem Anliegen dient die Architektur als kongeniales visuelles Äquivalent; ein plausibler Zusammenhang zwischen den einzelnen Elementen – Altes und Neues Testament, Evangelisten und Christus – wird in der Bildarchitektur anschaulich. Dabei geht es offenbar um den Zugang zum Himmelreich, der hier in einen geschichtlichen Zusammenhang gestellt wird. Am Anfang steht das Alte Testament, das Heiligtum der Juden, das vorausdeutet auf die Kirche Christi. Die Vorhangbahn mit dem Christuszeichen ist daher hinter die Säulen geschlungen; die räumliche Staffelung steht für das zeitliche Nacheinander von israelitischem Zeltheiligtum und Kirche, von Altem und Neuem Testament. In der Lammanbetung oben gelangt die Heilsgeschichte zur Erfüllung und an ihr Ende. Die zwischen Medaillons, Kapitellen und Säulenbasen in Goldlettern eingetragenen (auf Reproduktionen kaum lesbaren) Akklamationen: *SCS, SCS, SCS / D(o)M(inu)S D(eu)s OMNIP(oten)S / QVI ERAT ET QVI EST ET QUI VENTVRVS EST* (Heilig, heilig, heilig, Herr, allmächtiger Gott, der war, der ist und der kommen wird) geben daher nicht nur die Anrufungen der 24

Ältesten nach Apok.4,8 wieder; dieser Text wirkt auch wie ein programmatisches Signal für die Lesart dieser Darstellung.
Ausgehend vom Hieronymus-Prolog, erstellt der karolingische Maler hier ein Heils- und Geschichtsgebäude, in dem die vier Evangelisten die tragenden Stützen sind. Angelegt schon im Alten Testament, vermitteln diese kirchlichen Heilsbringer die zukünftige Herrlichkeit des Paradieses. Zwischen alttestamentlicher Vergangenheit, christlicher Gegenwart und eschatologischer Zukunft weist ihnen die Illustration die zentrale Position zu. Die vierfache Überlieferung des Gotteswortes durch die Evangelisten ist somit in einer Architektur zusammengefaßt, die ihren Gipfel und Zielpunkt in der Anbetung des Lammes findet. Vom Lamm gehen die Strahlen zu den Evangelistenmedaillons aus, wie umgekehrt alle Evangelistensymbole auf dieses Ziel ausgerichtet sind. Erweitert um die heilsgeschichtliche Dimension findet hier also die Vorstellung der Evangelienharmonie wie beim ›Textciborium‹ eine architektonische Formulierung. Beide Darstellungen bilden im Soissons-Evangeliar eine adäquate Rahmung der Prologtexte.
Auch wenn die Bildsequenz im Godescalc-Evangelistar nicht durch Texte unterbrochen wird, ist offenkundig, daß im Soissons-Evangeliar verwandte und identische Intentionen im Spiel sind, daß Aussagen über Authentizität, Wert und Aufgabe der Evangelientexte also als zentrales Anliegen der Hofschul-Handschriften verstanden werden müssen. Daher rekurriert auch die Lebensbrunnen-Architektur im Godescalc-Evangelistar nicht allein auf die Wassermetaphorik, sondern verarbeitet ebenso die ältere Tradition des ›Textciboriums‹, die auch im Soissons-Evangeliar noch lebendig ist.

Die Übernahme dieser Architektur in den Bildzyklus des Godescalc-Evangelistars folgt dabei der schon in den Evangelistenbildern entworfenen Konzeption. Die ikonographische Kontamination von Brunnenarchitektur und ›Textciborium‹ vollzieht zusätzlich die sprachliche Figur nach, die Heilige Schrift und Wasser als Heilsspender aufeinander bezieht. Die vier Evangelisten und Evangelienbücher als Bildfolge vor dem thronenden Christus und die auf ihn folgende Ciboriumsarchitektur können daher als Entsprechungen angesehen werden.

29 Godescalc-Evangelistar, fol. 3v (Ausschnitt, vgl. *Abb. 8*): **Als Zeichen dafür, daß von diesem Heilsquell das Gotteswort ausströmt, ist das Incipit der erst auf der gegenüberliegenden Seite beginnenden Weihnachtsperikope** (vgl. *Abb. 9*) **über die Brunnen- und Text-Architektur geschrieben.**

Liegt bei den Evangelistenbildern der Akzent auf Buch und Schrift, so figuriert das ›Textciborium‹ in der karolingischen Umformung zusätzlich als Heilsquell, der, ebenso wie die Texte, seinen Ausgang von Christus nimmt.
Mit dieser Umformung erlangt das durch Theologie und Exegese lange vorbereitete Thema Heilsquell in der Bildsequenz zu Beginn des Godescalc-Evangelistars eine unvergleichlich anschauliche Konkretisierung, denn die Darstellung des *fons vitae* ist zugleich der Anfang des Textteils. Ehe die einzelnen liturgischen Lesestücke folgen, bekundet der Bildzyklus Ursprünglichkeit und Zusammenhang der gesamten Heiligen Schrift. Das ›Textciborium‹ ist dabei zugleich als Lebensbrunnen ausgewiesen, von dem das Gotteswort ausströmt, und dies im wörtlichen Sinne. Denn am oberen Bildrand erscheint in Goldlettern das Incipit* der Lesung zur Weihnachtsvigil: *IN VIGILIA NATALIS D(omi)NI (Abb.29)*. Von hier nimmt die Evangelienlesung ihren Ausgang mit dem Bericht von Christi Abstammung und Geburt, der auf der Textseite rechts mit der großen IN-Initiale einsetzt.
Auf diese Weise ist die Darstellung des Heilsquells noch einmal eng auf Christus bezogen. Damit aber kommt eine weitere theologische Konstruktion ins Spiel, welche die Vorstellung von der Heils- und Erlösungskraft des Wassers direkt an die eigentliche Erlösungstat Christi, seinen Tod am Kreuz, bindet. Der Passionsbericht im Johannes-Evangelium endet mit der Schilderung, wie einer der Soldaten die Seite des bereits verstorbenen Gekreuzigten mit einem Lanzenstich durchbohrt, »und sogleich flossen Blut und Wasser heraus« (Joh.19,34). Schon früh hat man Blut und Wasser, die der Seitenwunde Jesu entströmten, sakramental gedeutet: als Zeichen der beiden Sakramente

Eucharistie und Taufe. Während das Blut für das Altarsakrament, die Darbringung von Brot und Wein und ihre Verwandlung in Leib und Blut des Erlösers, steht, deutet das Wasser auf die Wiedergeburt in der Taufe hin. Wenn der Seitenwunde des Erlösers Blut und Wasser entströmen, dann bedeutet dies, so schreibt Beda, daß Taufe und Altarsakrament den Gläubigen zur Erlösung, zum ewigen Leben führen.[43]

In die Lebensbrunnen Architektur des Godescalc-Evangelistars ist diese Vorstellung insofern eingegangen, als sie mit einem unmißverständlichen Hinweis auf den Kreuzestod versehen ist: Die Spitze des Daches ist mit einem großen Kreuz bekrönt. Die Doppelseite mit Lebensbrunnen und Weihnachtsperikope entfaltet auf diese Weise den Erlösungsgedanken nicht nur metaphorisch, im Bild des Wassers und des Evangelientextes, sondern auch unmittelbar in Hinblick auf Christus. Seine Geburt und sein Tod, Menschwerdung und Erlösung, stehen sich in Text- und Bildseite gegenüber.[44]

EIN BUCH ZUR TAUFE

Daß der Gedanke von der Heilswirkung der Texte ikonographisch mit dem Thema »Erlösung durch Wasser« angereichert wird, liegt demnach nicht allein in den aufeinander bezogenen Vierergruppen Evangelien, Evangelisten, Paradiesesströme begründet. So sehr die Verbindung von Wasser- und Schriftmetaphorik hier ihren sinnvollen Platz hat und die Einführung des *fons vitae* begünstigte – hier steht Wasser nicht nur für die Heilswirkung der Schrift, sondern ganz konkret auch für die Taufe.

Die Komplexität der Darstellung erfährt so eine erneute Steigerung, und an dieser Stelle sind nun auch die historischen Zusammen-

30 Godescalc-Evangelistar, fol. $126^{v}/127^{r}$: Das in karolingischer Minuskel geschriebene Widmungsgedicht bildet den Abschluß der Handschrift. (Text und Übersetzung vgl. Seite 98ff.)

hänge, denen das Godescalc-Evangelistar seine Entstehung verdankt, mit zu bedenken. Der für die Entstehung offenbar maßgebliche zeitgeschichtliche Zusammenhang ist im Codex, wie bereits erwähnt, an zwei Stellen festgehalten: in der Marginalie der Ostertafeln *(s. Abb. 1)* und im Gedicht am Schluß *(Abb. 30)*. Übereinstimmend wird beide Male Karls Aufenthalt in Rom zu Ostern des Jahres 781 angesprochen, und beide Angaben decken sich mit der Überlieferung in anderen historiographischen Quellen.

Eine im späten achten Jahrhundert zusammengestellte Jahreschronik, die sogenannten Reichsannalen, die, beginnend mit dem Jahr 741, die Ereignisse eines jeden Jahres mit knappen Einträgen überliefern, berichten für das Jahr 781 ebenfalls vom Romzug Karls des Großen und der Taufe seines Sohnes *(Abb. 31)*:

> Dann entschloß er (Karl) sich, zum Gebet nach Rom zu ziehen zusammen mit seiner Gemahlin, der Königin Hildegard. Und er feierte Weihnachten in der Stadt Pavia und die Jahreszahl änderte sich in 781. Und am Ende der genannten Reise feierte er Ostern in Rom. Und dort wurde Pippin, der Sohn des genannten großen Königs Karl, getauft von Papst Hadrian, der ihn auch selbst aus der Taufe hob, und zwei Söhne des genannten Königs Karl wurden zu Königen gesalbt von dem genannten Papst, nämlich die Könige Pippin und Ludwig, Pippin zum König in Italien und Ludwig zum König in Aquitanien.[45]

Mit Karls Ankunft in der Stadt am Tiber war endlich eingetreten, was Papst Hadrian schon seit mehreren Jahren erhofft hatte. Er versprach sich von Karl eine Belebung des Bündnisses der Päpste mit den Franken, erhoffte Karls Hilfe gegen Byzanz zur Durchsetzung der

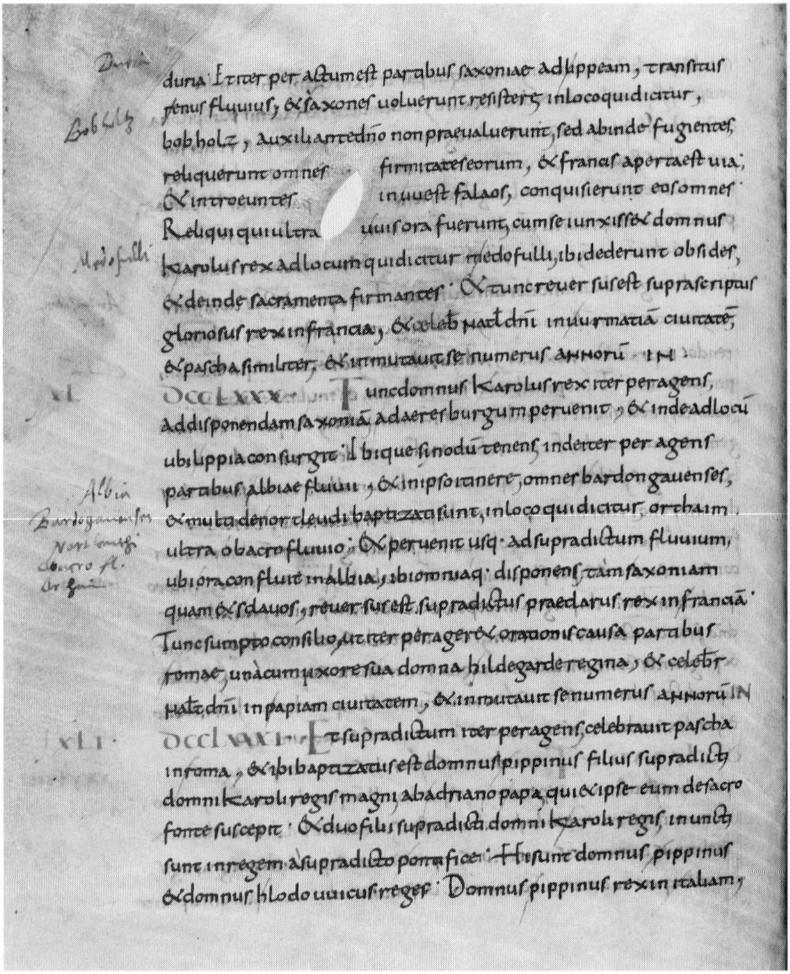
duna. Et iter peractum est partibus saxoniae ad lippeam, transitus
renus fluuius, & saxones uoluerunt resistere in loco qui dicitur,
bohholz, auxiliante dno non praeualuerunt, sed abinde fugientes,
reliquerunt omnes firmitates eorum, & francis aperta est uia;
& introeuntes in uuestfalaos, conquisierunt eos omnes.
Reliqui qui ultra uuisora fuerunt, cum se iunxisset domnus
karolus rex ad locum qui dicitur medofulli, ibi dederunt obsides,
& deinde sacramenta firmantes. & tunc reuersus est suprascriptus
gloriosus rex in francia, & celeb natal dni in uurmatiā ciuitate,
& pascha similiter, & inmutauit se numerus annorū IN
XL DCCLXXX. Tunc domnus karolus rex iter peragens,
ad disponendam saxoniā ad aeresburgum peruenit, & inde ad locū
ubi lippia consurgit. Ibique sinodū tenens, inde iter peragens
partibus albiae fluuii, & in ipso itinere, omnes bardongauenses,
& multa de nordleudi baptizati sunt, in loco qui dicitur, orhaim.
ultra obacro fluuio. & peruenit usq. ad supradictum fluuium,
ubi ora confluit in albia, ibi omniaq. disponens, tam saxoniam
quam & sclauos, reuersus est supradictus praeclarus rex in franciā.
Tunc sumpto consilio, ut iter peragere & orationis causa partibus
romae, una cum uxore sua domna hildegarde regina, & celebr
natal dni in papiam ciuitatem, & inmutauit se numerus annorū IN
XLI DCCLXXXI. Et supradictum iter peragens, celebrauit pascha
in roma, & ibi baptizatus est domnus pippinus filius supradicti
domni karoli regis magni ab adriano papa, qui & ipse eum de sacro
fonte suscepit. & duo filii supradicti domni karoli regis, inuncti
sunt in regem a supradicto pontifice. Hi sunt domnus pippinus
& domnus hlodouuicus reges. Domnus pippinus rex in italiam,

Ansprüche des Kirchenstaates in Süditalien und Unterstützung bei befürchteten Aufständen langobardischer Herzöge.[46] Schon 778 war daher ein Romzug Karls geplant; mit der Taufe des ein Jahr zuvor geborenen Königssohnes Karlmann durch den Papst sollte das Bündnis demonstrativ erneuert und dokumentiert werden, vor allem dadurch, daß der Papst die

31 Wien, Österreichische Nationalbibliothek, Cod. 473, fol. 124ᵛ: Annales Regni Francorum. Diese Sammelhandschrift, die neben anderen historischen Werken, auch die Reichsannalen enthält, entstand im neunten Jahrhundert in einem westdeutschen Scriptorium. Sie ist in karolingischer Minuskel geschrieben. Die Jahreszahl 781 (*DCCLXXXI*) ist in roter Tinte hervorgehoben. (Text vgl. Anm. 45)

Patenschaft über den Königssohn übernehmen sollte. Dies war ein eminent politischer Akt, bedeutete er doch, daß der Königssohn in seinem Paten einen zweiten, einen geistlichen Vater, einen *pater spiritualis*, erhielt, der neben seinen leiblichen Vater trat. Karl und der Papst wurden somit als *compatres* in der Vaterschaft miteinander verbunden.[47]

Dazu kam es jedoch im Jahre 778 noch nicht, da Karl die Reise nach Rom aufschob und statt dessen nach Spanien in Kämpfe gegen die Sarazenen zog. Bitter enttäuscht vom Ausbleiben Karls richtete Hadrian daher im Mai 778 einen Brief an den Frankenkönig, in dem er zugleich eindringlich darum bat, die Taufvereinbarung einzuhalten.[48] Noch drei weitere Jahre mußte er sich allerdings gedulden, bis Karl endlich in Rom eintraf. Dieser hatte die Taufe Karlmanns tatsächlich solange aufgeschoben, um die besondere Auszeichnung und Segnung, die die Taufe durch den Papst, den Nachfolger des Apostels Petrus, bedeutete, für seine Herrschaft und seinen Nachkommen zu sichern. Am Karsamstag des Jahres 781 fand also endlich der Taufgottesdienst statt; im Baptisterium* der Lateranbasilika[49] taufte Papst Hadrian das mittlerweile bereits vierjährige Kind, und damit wurde auch die Kompaternität zwischen Papst und König besiegelt.

Dieses Ereignis schildert auch das Widmungsgedicht auf den Schlußseiten des Godescalc-Evangelistars. Ist im ersten Teil des Gedichts die Handschrift selbst, ihre Ausstattung mit Gold, Silber und Purpur, das Thema, so widmet sich der zweite Teil der Person Karls, rühmt dessen Tugenden und Eigenschaften und seinen auf dem gesamten Erdkreis verbreiteten Ruhm. Dabei bedient sich der Verfasser einiger Verse und Wendungen, die er aus Grabinschriften von Päpsten übernahm, so aus dem Epitaph von Felix IV. und dem von Bonifaz III. Offenbar waren derartige Texte als Musterinschriften gesammelt an den Hof Karls gelangt.[50] Im dritten Teil des Gedichts kommt der Autor dann auf die Entstehungsgeschichte der Handschrift zu sprechen. Man erfährt vom Auftrag an Godescalc, von der Romfahrt Karls und schließlich von der Taufe Pippins:

> *Praesulis officio tum Adrianus functus in arvis / Culmen apostolicum Romana rexit in urbe. / Principis hic Caroli claris natalibus ortam / Carlmannum sobolem, mutato nomine Pippin, / Fonte renascentem, et sacro baptismate lotum, / Extulit albatum sacratis conpater undis.* (Zu dieser Zeit regierte Hadrian auf dem apostolischen Thron in Rom; und er, Hadrian, hob als *conpater* den Nachkommen des Königs Karl von edler Geburt, Karlmann, im Taufbecken wiedergeboren und durch die heilige Taufe gereinigt, weiß gekleidet, aus dem gesegneten Wasser, und änderte seinen Namen in Pippin. [s. Anhang, S. 99, V. 39–44])

In welcher Beziehung aber steht nun das Evangelistar zur Taufe Pippins? Hinsichtlich der Chronologie sind dazu die Angaben des Kolophons nicht leicht zu deuten. In sehr ungewöhnlicher Form wird der Zeitpunkt der Beauftragung Godescalcs mitgeteilt: »als Karl das Jahr mit den zweimal sieben *fasces* eröffnet« (V. 27). Die *fasces*, mit Lederriemen umschnürte Rutenbündel, wurden römischen Konsuln oder Diktatoren vorangetragen. Diese antiken Zeichen der Amts- und Strafgewalt stehen hier metaphorisch für die Herrschaft Karls, den das Widmungsgedicht ja auch als *consul* bezeichnet (V. 34). Die mit antiken Reminiszenzen formulierte Datumsangabe meint demnach wohl das 14. Herrscherjahr Karls, das, da er seine Herrschaft am 9. Oktober 768 antrat, im Herbst 781 begann. Ein Auftrag zu diesem Zeitpunkt hätte also erst nach der Taufe Pippins gelegen. Allerdings kann man die ungewöhnliche Datumsangabe auch so verstehen, daß hier der Anfang des (natürlichen) Jahres gemeint ist, in dem auch der Beginn von Karls 14. Herrscherjahr liegt.

Zur Jahreswende 780/781 – dies steht auch mit den Schlußversen des Widmungsgedichtes in Einklang (V. 46ff.) – hätte Godescalc demnach seinen Auftrag erhalten, und in der dann folgenden Passage (V. 32f.) ist denn auch von seinem Bemühen die Rede, das Werk noch im Frühjahr fertigzustellen, während Karl auf dem Zug nach Rom die Alpen überschritt. Damit ist also das Frühjahr 781 gemeint, so daß der Codex zur Taufe fertig vorgelegen hätte, vielleicht zu den Geschenken zu rechnen wäre, die Karl in Rom, wie es dann im folgenden Vers heißt, dem »hoch thronenden Christus darbringen« wollte.[51] Allerdings sollte man annehmen, daß im Gedicht dann nicht nur von Karl als dem Schenkenden, sondern auch vom Papst als dem Adressaten des Geschenks die Rede wäre. Entsprechend steht am Beginn des von einem Schreiber namens Dagulf geschriebenen Psalters, neben dem Godescalc-Evangelistar die zweite Handschrift der Hofschule, die direkt als Karls Auftrag identifizierbar ist, ein Widmungsgedicht, mit dem das Geschenk von Karl an Papst Hadrian übereignet wird.[52] Für das Godescalc-Evangelistar fehlt es an so eindeutigen Angaben, und so muß vorläufig offenbleiben, ob es als Geschenk anläßlich der Taufe Pippins gedacht war oder ob, was wahrscheinlicher ist, mit dieser Handschrift die Erinnerung an das Ereignis festgehalten werden sollte.

In diesem Sinne hat man in der Darstellung des von acht Säulen umstandenen Lebensbrunnens

32 Rom, Baptisterium an der Lateranbasilika. Im Inneren der aus dem vierten Jahrhundert stammenden Taufkirche stehen seit einem Umbau im fünften Jahrhundert acht Säulen um das tieferliegende Taufbecken. Die Inschrift auf dem Architrav deutet den Taufbrunnen als *fons vitae*.

die Taufkirche Pippins, das Baptisterium an der Lateranbasilika, erkennen wollen,[53] ist doch das Becken dieses in konstantinische Zeit zurückreichenden Baptisteriums seit einem Umbau im fünften Jahrhundert unter Sixtus III. (432–440) ebenfalls von acht Säulen umstellt *(Abb. 32)*. Es kommt hinzu, daß auch das Baptisterium am Lateran als Lebensbrunnen gedeutet wurde, und zwar durch eine Inschrift, die umlaufend auf dem Architrav über den acht Säulen angebracht ist. Unmittelbar über dem Taufbecken ist hier zu lesen: *Fons hic est vitae, qui totum diluit orbem* (Dies ist der Brunnen des Lebens, der den gesamten Erdkreis reinigt). Das Lebensbrunnenmotiv ist also dem Lateranbaptisterium und der Architektur im Godescalc-Evangelistar gemeinsam, und so wird man, auch angesichts der historischen Begleitumstände, sicherlich sagen können, daß in der Darstellung der achtsäuligen Architektur eine Anspielung auf die Taufstätte Pippins mitschwingt; keinesfalls aber läßt sich

die Komplexität der Darstellung allein auf diesen Aspekt einengen.
Zudem wäre die Taufkirche am Lateran nicht der einzig mögliche Anknüpfungspunkt für das Aufrufen römischer Reminiszenzen, zu denen ja auch die schon erwähnte, antiquarisch inspirierte Jahresangabe zählt. Erwähnung findet zudem in der Ostertafel und im Kolophon nicht nur die Taufe des Königssohnes, sondern ebenso Karls Besuch in St. Peter. Im Atrium der Peterskirche aber war um die Mitte des achten Jahrhunderts unter Stephanus II. die Ciboriumsarchitektur des Pinienbrunnens wiederhergestellt und, nach den Angaben im *Liber pontificalis*, mit acht Porphyrsäulen ausgestattet worden. Eine Zeichnung des Florentiner Architekten Simone del Pollaiuolo, der sich zwischen 1475 und 1485 in Rom aufhielt, vermittelt eine Vorstellung von dieser Brunnenanlage, die ihrer skulpturalen Ausstattung nach als Lebensbrunnen zu verstehen war *(Abb.33)*. Dort finden sich auch die Marmorschranken zwi-

33 Florenz, Uffizien, Santarelli 157. Zeichnung des Brunnens im Atrium von St. Peter, Rom, die der Florentiner Architekt Simone del Pollaiuolo, gen. Il Cronaca, bei seinem Romaufenthalt 1475–1485 anfertigte. Sie zeigt den von acht Säulen umstandenen Pinienzapfen; über dem Architrav die Bögen des Baldachingewölbes mit den vollplastisch aufgesetzten Pfauen.

schen den Säulen, die auffälligen Bogenfelder, die vom Gewölbe über dem Brunnen herrühren, aber auch verblüffend mit dem aufgebogenen Architrav der Godescalc-Architektur korrespondieren. Ebenso begegnen die von dort schon bekannten gegenständigen Pfauen auch an dem römischen Brunnen, wo sie vollplastisch auf dem Architrav stehen.[54]
Es gibt Indizien dafür, daß die Brunnenanlage im Atrium der römischen Peterskirche in karolingischer Zeit besondere Aufmerksamkeit auf sich zog. Möglicherweise war nämlich in Anlehnung an dieses römische Vorbild im Atrium der Pfalzkapelle, die Karl im letzten Jahrzehnt des achten Jahrhunderts in seiner Pfalz in Aachen errichten ließ, ebenfalls ein Pinienbrunnen aufgestellt. Noch heute steht in der Vorhalle dieser Kirche ein aus Bronze gegossener

34 Aachen, Vorhalle des Domes: Bronzener Pinienzapfen. Der auf einem Sockel mit – teilweise abgebrochenen – Personifikationen der Paradiesesströme stehende Wasserspeier stellte demnach einen Lebensbrunnen dar und war möglicherweise im Atrium der Pfalzkapelle aufgestellt.

Pinienzapfen, der einstmals unzweifelhaft als Wasserspeier gedient hat *(Abb.34)*. Die vier Ecken seines Fußes sind mit kleinen Personifikationen der vier Paradiesesströme besetzt, deren den Erdkreis befruchtende Kraft eine Inschrift an den vier Sockelseiten rühmt. Die Datierung dieses einzigartigen Stückes allerdings ist in der Forschung außerordentlich umstritten.[55] Als antik-römischer Guß ist der Zapfen ebenso angesehen worden wie als karolingischer; auch für eine Entstehung erst um das Jahr 1000 wurde plädiert. Hier ist Sicherheit gegenwärtig offenbar nicht zu erlangen. Mit Blick auf die bisher hier angeführten Zeugnisse wird man allerdings behaupten dürfen, daß das Motiv des Lebensbrunnens im frühen Mittelalter an kaum einem Ort so lebendig war wie am Hofe Karls. Insofern stellte die Aufstellung eines derartigen Denkmals im Atrium der Pfalzkapelle eine enge Parallele zu den in Godescalc-Evangelistar und Soissons-Evangeliar überlieferten Bildformulierungen dar.

Wenn man als Resumee also festhalten kann, daß im Godescalc-Evangelistar nicht allein und direkt das Baptisterium am Lateran dargestellt ist, dann heißt dies zugleich, daß hier über die römischen Bezüge hinaus allgemeiner die von der Kanonserie herrührende Textarchitektur mit dem Thema Lebensbrunnen und Taufe aufgeladen ist. Die Taufe Pippins in Rom bildete einen aktuellen und politisch signifikanten Anlaß, die Konzeption der Handschrift, die thematische Festlegung des Bildprogramms und die darin formulierten Aussagen über die Heilige Schrift um das Taufmotiv zu erweitern. Doch diese Erweiterung ist nicht nur eine Leistung der Lebensbrunnen-Darstellung; vielmehr weist die Choreographie des gesamten Bildzyklus, das Arrangement der einzelnen Bildseiten eine auffallende Nähe zu einzelnen Elementen der frühen Taufliturgie auf. Diese Liturgie sah, so wie sie seit dem späten siebten Jahrhundert ausgebildet war, eine Reihe von Riten, sogenannten Skrutinien, vor, die der Vorbereitung der Täuflinge, ihrer Prüfung und Einführung in die wichtigsten Glaubenstexte dienten.[56] Diese Skrutinien fanden in der Fastenzeit vor Ostern statt, worauf dann die Taufe im Ostergottesdienst folgte. Das dritte Skrutinium war der Öffnung der Ohren (*apertio aurium*) für das Gotteswort gewidmet. Dazu erfolgte die Übergabe der Evangelien (*traditio evangeliorum*) für die Täuflinge in folgendem Ritus: Vier Diakone, jeder mit einem Evangelienbuch, stellten sich an die vier Ecken des Altares. Dazu verlas ein Priester eine Erklärung über die Evangelien. Dann sangen die vier Diakone jeweils einen Evangelienanfang.

Es fällt nicht schwer, hier Übereinstimmungen mit den vier Evangelistenbildern zu erkennen. Im Inspirationsmotiv ist sozusagen die *apertio aurium* der Evangelisten, die Öffnung ihrer Ohren für die göttliche Eingebung,[57] dargestellt, und wie im Taufritus die *traditio evangeliorum* vom Singen der einzelnen Evangelienanfänge begleitet ist, so sind diese hier in den aufgeschlagenen Büchern zu lesen. Die Taufliturgie sah danach das Beten des Glaubensbekenntnisses und des Vaterunsers vor; in den Miniaturen folgt entsprechend das Bild des thronenden Christus. Man kann überlegen, ob die oben angesprochene Lesart der Bildfolge als diversifizierte Majestas nicht zusammenhängt mit dieser Affinität zu den einzelnen Stationen der Taufliturgie, die dann im Taufakt ihren Abschluß findet, so wie der Bildzyklus mit der Brunnen-, Text- und Taufarchitektur.

Bedenkt man die Funktion des Godescalc-Evangelistars als liturgische Handschrift, dann ist der direkt auf diese Funktion bezogene Textteil auf zweierlei Weise ergänzt: durch den Bildzyklus am Beginn und durch das Widmungsgedicht am Ende. Beide Ergänzungen korrespondieren ihrerseits miteinander. Thematisieren die Evangelistenbilder den Rang von Buch und Schrift, so widmet sich der erste Teil des Gedichts der Handschrift, ihrer Ausstattung – Gold, Purpur – und ihrem Inhalt – *doctrina Dei*. Der Darstellung des Lebensbrunnens wiederum entspricht im Gedicht die Schilderung des Taufgeschehens.

Wenn zusätzlich die panegyrischen Verse auf Karl mit den Worten *Orbe bonus toto passim laudabilis heros* (Guter, auf dem ganzen Erdkreis gerühmter Held [s. Anhang, S. 98, V.17]) beginnen, dann verbindet die Korrespondenz von Bildzyklus und Kolophon die im Geiste christlicher Tugenden ausgeübte Herrschaft Karls und seinen auf dem gesamten Erdkreis verbreiteten Ruhm mit der im Bildprogramm thematisierten universalen Verbreitung der göttlichen Erlösungsbotschaft. Das gesamte Anlagekonzept des Godescalc-Evangelistars macht damit unversehens auch Karls Herrschaft, ihre Stellung und Aufgabe in der Geschichte, in der Heilsgeschichte zu ihrem Thema. Der zentrale Textblock spiegelt das Kirchenjahr und damit das Leben Christi von der Geburt über Tod, Auferstehung und Himmelfahrt. Bezogen auf die Gegenwart des Menschen wird diese Heilszeit durch den Kalender, die Ostertafeln und die aktuellen zeitgeschichtlichen Angaben. Das Bildprogramm wie der erste Teil des Widmungsgedichts formulieren mit aller Klarheit die dieser Gegenwart – der Herrschaft Karls – übertragene Aufgabe: die Verbreitung der göttlichen Erlösungsbotschaft als Hinführung zur Erlösung und zum Paradies. Damit ist gleichermaßen das Kernanliegen der von Karl initiierten politischen und kulturellen Reform- und Erneuerungsmaßnahmen zu umschreiben. Im Jahr 789 wandte Karl sich mit einem 82 Kapitel umfassenden Send- und Mahnschreiben, der *admonitio generalis*, an die Bischöfe, den Klerus, die weltlichen Würdenträger und das Volk.[58] In diesem Schreiben sind die Grundzüge seines Reformprogramms formuliert. So heißt es in der Einleitung an den Klerus gerichtet:

> Wir bitten euch, ihr Hirten der Kirche Christi, ihr Leiter seiner Herde und Leuchten der Welt, daß ihr mit wachsamer Sorge und unverdrossener Ermahnung das Volk Gottes zu den Weiden des ewigen Lebens führen möget ..., eine Aufgabe, bei der euch, wie ihr wissen sollt, unsere Sorgfalt unterstützen wird ... Ihr sollt aber diese unsere aus dem Geist der Frömmigkeit entsprungene Anweisung, mit der wir Falsches korrigieren, Unnützes ausscheiden, Richtiges bekräftigen wollen, keineswegs für anmaßend halten, sondern mit Liebe und wohlwollendem Sinn aufnehmen.[59]

In diesem Erlaß beruft sich Karl auf den alttestamentlichen König Josias, von dem das Buch der Könige (2.Kön.23) eine Kultreform mit Wiederherstellung des Tempels, Ausrottung des Götzendienstes und Bekanntmachung des göttlichen Gesetzes überliefert. An diesem Vorbild wird Karls Herrschaft ausgerichtet und auf die Förderung des Gottesdienstes, des *cultus divinus*, als eine der ersten Aufgaben eingeschworen. Die karolingische Reformpolitik, die alle Bereiche der fränkischen Gesellschaft erfaßte, orientierte sich demnach an den Normen der christlichen Glaubenslehre. Dahinter stand der letztlich bereits aus der Antike stammende Gedanke, daß der Herrscher durch Gottesdienst das Wohlgefallen Gottes findet und dadurch Reich und Herrschaft sichert. Es war daher das Bestreben Karls, die Franken zu einem Volk Gottes, zum *populus christianus*, zu bekehren. In der Christianisierung sollte eine gesellschaftliche Wiedergeburt erlebbar werden, und so bedeutete die Reformpolitik Karls letztlich eine sakramentale Reorganisation der Gesellschaft durch die Taufe. Diese Reformmaßnahmen gaben damit die Durchsetzung und Verbreitung der göttlichen Ordnung, die Hinführung der Getauften »zu den Weiden des ewigen Lebens« als ihr Ziel aus.[60]

Drei Maximen formuliert der oben zitierte Text der *admonitio generalis* für das Erreichen dieses Ziels: Falsches korrigieren, Unnützes ausscheiden, Richtiges bekräftigen. Mit dem Richtigen, dem Rechten, der *rectitudo*, ist das positive Ziel benannt: das Schaffen einer neuen, gerechten, christlichen Ordnung sah Karl als seine Aufgabe an.[61] Und so schaffte er Ordnung; er ordnete die Gesetzgebung und Verwaltung ebenso wie den Kalender, die Monatsnamen und das Schriftwesen. Die Vielfalt der zur damaligen Zeit geläufigen Schriftarten wurde durch eine neugeformte Schrift ersetzt, die karolingische Minuskel, die als Einheitsschrift die unterschiedlichen und teilweise schwer lesbaren älteren Schriften verdrängte *(s. Abb. 30, 31)*.[62] Von dieser Vereinheitlichung des Schriftwesens profitieren wir noch heute, denn die wohl meist verbreitete Druckschrift, die Antiqua, geht letztlich auf die karolingische Minuskel zurück.

Mit der Vereinheitlichung der äußeren Form, der Schrift, ging das Bemühen um die Inhalte, um verläßliche Textausgaben einher. An erster Stelle waren damit die Belange der christlichen Religion betroffen, erforderte sie als Buchreligion doch vor allem korrekte und zuverlässige Texte – der Liturgie, der Bibel, der Theologie, des Kirchenrechts. Gottesdienst im weitesten Sinne wurde erst auf dieser Grundlage überhaupt möglich.[63] So holte Karl einige der berühmtesten Gelehrten seiner Zeit an seinen Hof, die Zuverlässigkeit und Richtigkeit in Schrift und Sprache erarbeiten und garantieren sollten. Maßgebend und vorbildlich für diese Arbeit wurden – aus Rom und anderen Gegenden beschafft und in einer eigenen Hofbibliothek gesammelt – Norm- und Mustertexte, *codices authentici*.[64] Bereits im Jahre 774, als Karl erstmals in Rom weilte und dort Ostern feierte, überließ ihm Papst Hadrian eine erweiterte Fassung der Kirchenrechtssammlung des Dionysius Exiguus, die sogenannte Dionysio-Hadriana. Diese Rechtssammlung bildete dann die Grundlage der betreffenden Partien in der *admonitio generalis*. Die Vereinheitlichung der Liturgie erhielt zehn Jahre später, 784, das prägende Fundament eines Normtextes, als von Hadrian das gregorianische Sakramentar an den Hof Karls gelangte. Auch von der im Kloster Monte Cassino angeblich noch vorhandenen Urschrift der Mönchsregeln des Hl. Benedikt ließ Karl eine Abschrift anfertigen und in der Hofbibliothek hinterlegen.[65]

Wie diese Sammlung von »Musterexemplare(n) fundamentaler kirchlicher Texte«[66] war letztlich das gesamte von Karl entworfene Bildungsprogramm in den Dienst der Aufgabe gestellt, das Volk der Getauften, so der bereits zitierte Wortlaut der *admonitio generalis*, »zu den Weiden des ewigen Lebens zu führen«. Schon vor diesem Erlaß war in einem Bildungsbrief, der *Epistula de litteris colendis*, die im Jahre 784/85 an Bischofskirchen und Klöster erging, der Zusammenhang von richtiger Sprache und richtiger, gottgefälliger Lebensführung deutlich formuliert und das Studium von Texten, von Schrift und Sprache (*studia litterarum*) eingefordert worden: ... *qui deo placere appetunt recte vivendo, ei etiam placere non neglegant recte loquendo* (Wer Gott gefallen will durch rechtes Leben, der soll nicht versäumen, ihm auch durch richtige Sprache zu gefallen).[67]

BUCHAUFBAU UND WELTORDNUNG

Es verbietet sich vor diesem Horizont von selbst, eine liturgische Handschrift wie das Godescalc-Evangelistar als Ausweis individueller Kunstliebhaberei, als Ergebnis von Prunksucht oder Objekt von Machtdemonstration zu verstehen. Eine derartige Handschrift muß zunächst einmal als Beweis herrscherlicher Kultsorge gewertet werden, und ihre prachtvolle Ausstattung vermag zu belegen, welch hohen Stellenwert das Bemühen um den Gottesdienst einnahm. Doch läßt sich das Godescalc-Evangelistar noch viel konkreter auf die karolingische Reform beziehen. Entstehungsumstände und Konzeption dieses Buches erlangen im Kontext dieses politischen, religiösen und kulturellen Reformvorhabens programmatischen Charakter.
Auf dem Romzug 780/781 traf Karl in Parma mit Alcuin, dem berühmten Leiter der Domschule in York zusammen, um ihn als Gelehrten für seinen Hof zu verpflichten.[68] Ihm folgte 782 der Langobarde Paulus Diaconus, und da-

mit sind nur zwei von zahlreichen Gelehrten genannt, die um 781/82 in Karls Dienste traten. Der erste Entwurf eines Bildungsprogramms ist mit der 784/85 ergangenen *Epistula de litteris colendis* greifbar, an der Alcuin wahrscheinlich ebenso mitgearbeitet hat wie an der 789 verfaßten *admonitio generalis*.[69] Im Vorfeld dieser Entwicklungen, in zeitlicher Nachbarschaft zur Verpflichtung Alcuins, machte sich auch Godescalc ans Werk, Karls Auftrag gemäß ein Buch mit den liturgischen Lesestücken zu verfertigen.

Die Analyse des Bildprogramms hat ergeben, daß darin die Schrift- und Buchwerdung des Gotteswortes, die Authentizität der Evangelientexte, der Heils- und Erlösungscharakter des Gotteswortes und sein Zusammenhang mit der Taufe zum Thema werden. Die Übereinstimmung dieses Programms mit den Anliegen und Zielen der karolingischen Reform, die Erlösung durch Taufe und Gotteswort, ist kaum zu übersehen. In der Taufe Pippins dokumentiert sich nicht nur die Bedeutung des päpstlichen Bündnisses mit den Karolingern; in dem Geschehen Ostern 781 scheint allgemeiner der hohe Stellenwert auf, den die Taufe für die Erneuerung der fränkischen Gesellschaft einnahm.

Wenn die Evangelistenbilder mit den inspirierenden Symbolwesen den göttlichen Ursprung der Texte in Erinnerung rufen, deren Echtheit und Wahrheit belegen und ihre Schriftwerdung darstellen, dann wird hier das fundamentale Anliegen der Bildungsreform zum Bild. Gerade dieses Anliegen legitimiert den hohen künstlerischen Aufwand und Einsatz, mit denen dieses Thema realisiert wird. Wie genau die Ikonographie der Bilderfolge im Godescalc-Evangelistar das Schriftverständnis des Hofkreises trifft, wird in den Versen deutlich, die Alcuin seinen Bibelausgaben beifügt. Man hat den Eindruck, daß er dabei die sechs Bildseiten des Godescalc-Evangelistars, die von ihren Wesen inspirierten Evangelisten und den Lebensbrunnen, vor Augen hatte, wenn er schreibt: *His etiam libris inest caelestis origo / Hos quia dictavit spiritus ipse deus. / ... / Hic vitae fons est, haec est sapientia vera* (Diese Bücher gehen auf himmlischen Ursprung zurück, weil sie der Heilige Geist selbst diktiert hat ... Dies [Buch] ist der Lebensbrunnen, das ist die wahre Weisheit).[70]

Insofern fordert die Aussage des Kolophons, die in Goldschrift gefaßten Texte führten ins Himmelreich, für das Verständnis der Handschrift Konsequenzen, und sie muß als Beitrag zur Programmatik einer Politik ernstgenommen werden, die das Bemühen um die Sprach-, Schrift- und Buchkultur gänzlich aus der Leistung für die christliche Religion begründete. In dieser Hinsicht sind Buch und Schrift – und dies geht konform mit ihrer prononcierten, in den Evangelistenbildern vorgetragenen Charakterisierung – Instrumente zur Festigung und Durchsetzung der göttlichen Ordnung.

Mit Blick auf das Godescalc-Evangelistar wird man demnach sagen können, daß die Norm einer richtigen, göttlichen Ordnung nicht nur für die Bereiche von Belang ist, die wie selbstverständlich in den Blick geraten, wenn von der karolingischen Reform die Rede ist, für Liturgie, Recht und Verwaltung, für Schriftwesen und Kalender. *Rectitudo* ist ein Begriff, der seine Plausibilität auch aus seiner Anschaulichkeit bezieht, ein Begriff, der eben auch einen visuellen Befund mit aufruft: das nicht nach rechts und links Abweichende, das Richtige, das Gerade. Es liegt daher nahe, die Affinität dieser Vorstellung auch zur visuellen Kultur zu überprüfen. Bisher wenig gewürdigte Eigenhei-

quisolem suum oriri
facit superbonos et
malos et pluit super
iustos et iniustos.
Si enim diligatis eos
qui uos diligunt qu
am mercedem habe
bitis. Nonne et publi
cani hoc faciunt. Et
si salutaueritis fra
tres uestros tantu
quid amplius facitis
Nonne ethnici hoc
faciunt. Estote
ergo uos perfecti
sicut et pater uest
caelestis perfectu
est. Attendite ne
iustitiam uestram
faciatis coram ho
minibus ut uidea
mini ab eis alioqui
mercedem non ha
bebitis aput patr
em uestrum qui in
caelis est. Cum fa
cies elemosynam
noli tuba canere
ante te sicut hypo
critae faciunt in sy
nagogis et in uicis ut
honorificentur ab
hominibus. Amen
dico uobis receperu
nt mercedem suam.
Te autem faciente
elemosynam nesciat
sinistra tua quid fa
ciat dextera tua.
ut sit elemosyna
tua in abscondito
et pater tuus qui
uidet in abscondito
reddet tibi. LVI

Cum
sero esset factum

DIE DOM IN QUADRAGISSIMA

SECUNDUM

XV

LVI

IN ILLO
TEM
PORE
DUC
TUS EST
IHS IN DE
SERTO
A SPU
UT TEMPTARE
TUR A DIABULO
ET CUM IEIUN
ASSET QUADRA
GINTA DIEBUS
ET QUADRA
GINTA NOC
TIBUS POST
EA ESURIIT
ET ACCEDENS
TEMPTATOR DIXIT
EI. SI FILIUS DI ES
DIC UT LAPIDES ISTI
PANES FIANT. QUI
RESPONDENS DIXIT
SCRIPTUM EST. NON
IN PANE SOLO UIUET
HOMO

SED IN OMNI UERBO
QUOD PROCEDIT DE
ORE DI. TUNC ADSUM
PSIT EUM DIABOLUS
IN SCAM CIUITATEM ET
STATUIT EUM SUPRA
PINNACULUM TEM
PLI. ET DIXIT EI. SI FI
LIUS DI ES. MITTE TE
DEORSUM. SCRIPTUM
EST. QUIA ANGELIS SU
IS MANDAUIT DE TE
ET IN MANIBUS TOL
LENT TE NE FORTE
OFFENDAS AD LAPIDEM
PEDEM TUUM. AIT
ILLI IHS. RURSUS SCRI
PTUM EST. NON TEM
PTABIS DNM DM TUU
ITERUM ADSUMPSIT
EUM DIABOLUS IN MON
TEM EXCELSUM UALDE
ET OSTENDIT EI OMNIA
REGNA MUNDI ET GLO
RIAM EORUM. ET DI
XIT ILLI. HAEC TIBI
OMNIA DABO SI CADE
NS ADORAUERIS ME.

ten der karolingischen Kunst sind das Interesse für Systematisierungs- und Ordnungsentwürfe und eine Vorliebe dafür, Formfindung an geometrischen Strukturen auszurichten. Damit sind visuelle Äquivalente zu der am Leitbild der rechten, göttlichen Weltordnung orientierten Normierung und Vereinheitlichung von Lebensformen in Politik und Religion faßbar.
Gerade Buchproduktion und Malerei am Hofe sind davon geprägt. Das Godescalc-Evangelistar legt als Perikopenbuch die liturgischen Lesestücke fest für die jeweiligen Kirchenfeste. Mit der Abfolge der Perikopen spiegelt das Buch damit zugleich die zeitliche Ordnung des Kirchenjahres. Die Berechnung der Zeit wird mit Kalender und Ostertafeln verifizierbar, systematisiert und in die richtige Ordnung gebracht.[71] Repräsentiert der Textteil, und dieser ist weitgehend gebunden an die liturgische Funktion, insofern ein zeitliches Ordnungssystem, so ist dieses integriert in eine kalkulierte Gesamtanlage, die sich in der Disposition der Text- und Bildpartien, der Bildung von Zyklen und Referenzen nicht mehr auf die liturgische Funktion im engeren Sinne bezieht und als umfassenderer Ordnungsentwurf verstanden werden kann.
Dies hat Konsequenzen bis in Details der Buchgestaltung. So gewinnt die Schrifthierarchie in den Hofschul-Handschriften eine neue Bedeutung. Konsequent werden für die verschiedenen Textelemente, für Überschriften, Kapitelanfänge und für den fortlaufenden Text, für Incipits* und Explicits* verschiedene Schriftarten oder -größen verwendet.[72] Dies dient nicht nur der besseren Lesbarkeit, sondern bedeutet auch eine Berechenbarkeit des Schriftbildes und eine visuelle Gliederung des Textes. So ist der laufende Text des Godescalc-Evangelistars in goldenen Unzialen* geschrieben, die

Seite 86/87:
35 Godescalc-Evangelistar, fol. 26v/27r: Auf der linken Seite ist in der rechten Kolumne unten, geschrieben in Capitalis, die Lesung für den ersten Fastensonntag angekündigt: *DIE DOM(inica) IN QVADRAGISSIMA* (Schreibfehler, statt: quadragesima). Außerdem ist die Stationskirche, die Laterankirche in Rom, angegeben und die Kapitelnummer des Matthäusevangeliums. Auf der rechten Seite beginnt der betreffende, am ersten Fastensonntag zu verlesende Evangelienabschnitt in der linken Kolumne oben. *In illo tempore: Ductus est Ihs* (Jesus) *in deserto …* (In jener Zeit wurde Jesus in die Wüste geführt …). Der in Unzialen geschriebene Text beginnt mit einer IN-Initiale, die unten mit einer Teufelsfratze versehen ist, ein Hinweis auf die Versuchung Jesu in der Wüste durch den Teufel, die im Text (Mt. 4,1 ff.) geschildert wird.

Incipits dagegen in Capitalis *(Abb. 35)*. Für das Widmungsgedicht auf den beiden letzten Seiten schließlich wurde die neue Schrift verwendet: seine Verse erscheinen in karolingischer Minuskel *(s. Abb. 30)*.[73] Das Widmungsgedicht im Godescalc-Evangelistar muß damit als eines der ältesten in karolingischer Minuskel geschriebenen Textzeugnisse gelten. Programmatisch ist der Text, der mit Romzug und Taufe Pippins die Gegenwart der Entstehungszeit so deutlich ins Spiel bringt, in der neuen Reformschrift geschrieben.

Neben dieser Systematisierung der Schrift führt schon das Godescalc-Evangelistar vor, was dann für alle weiteren Manuskripte verbindlich bleibt: jede Seite ist einem millimetergenau festgelegten und durchgehend befolgten Linierungssystem unterworfen *(Abb. 36)*. Auch die Proportionierung der Bildseiten ist von ihm bestimmt. Trotz des Variantenreichtums an Ornamentformen, trotz verschiedener Texte und Miniaturen: das Rastersystem der Seiten ist immer gleich, und dies gilt schon für das Godescalc-Evangelistar.[74]

36 **Trier, Stadtbibliothek, Cod. 22. Evangeliar, sogenannte Ada-Handschrift, fol. 14v: Eine unbeschriebene Seite im Anschluß an das Kapitelverzeichnis des Matthäus-Evangeliums. Die Rahmung ist dennoch ausgeführt, so daß die Organisation der Buchseite – die Fläche des Schriftspiegels und die Aufteilung in Kolumnen – deutlich zu sehen ist.**

Indem es planvolle Regelhaftigkeit und Systematik und richtige Ordnung verkörpert, sind im Godescalc-Evangelistar Begründung, Durchsetzungsstrategie und Zielvorstellung der karolingischen Reform visuell proklamiert und modellhaft bereits verwirklicht. Schon hier ist das hohe Gewicht von Schrift und Buch für Gotteserkenntnis, Glaubenslehre und Liturgie abgemessen; schon hier ist das Bemühen um diese Medien als göttlicher Auftrag an Karl und als von diesem übernommene Aufgabe umschrieben. Als *providus ac sapiens, studiosus in arte librorum* (vorausschauend und weise, gelehrt in der Bücherwissenschaft [s. Anhang, S. 98, V. 23]) bezeichnet ihn das Schlußgedicht, und ausdrücklich als Karls Auftrag wird das *opus eximium* Godescalcs dem Leser vorgestellt. Noch vor den für die karolingische Reform maßgebenden Schriften und Erlassen, vor der *Epistula de litteris colendis* von 784/85 und der *admonitio generalis* von 789, ist deren Programm im Godescalc-Evangelistar künstlerisch formuliert. Schon mit dieser Handschrift liegt ein Programmwerk karolingischer Reformpolitik vor.

Anmerkungen

Für wertvolle Anregungen und Rat sei Arnold Angenendt und Nikolaus Staubach, für philologische Hilfe Klaus Alpers herzlich gedankt. Michael Diers und Wolfgang Kemp danke ich sehr für die kritische und äußerst hilfreiche Durchsicht des Manuskripts.
Nachfolgend nur mit Verfassernamen zitierte Titel sind in der Literaturauswahl (S. 107f.) vollständig nachgewiesen.

1 Zum Schicksal der Handschrift: Piper, S. 16f.; Köhler, S. 22.
2 Piper, S. 13, 33; Köhler, S. 24. Donald A. Bullough, Roman Books and Carolingian renovatio, in: Ders., Carolingian renewal: sources and heritage, Manchester – New York 1991, S. 28, Anm. 39.
3 Für den vollständigen Wortlaut vgl.: Monumenta Germaniae Historica: Poetae latini medii aevi, 1, hg. von Ernst Dümmler, Berlin 1881, S. 94f., Nr. VII; im vorliegenden Buch, Anhang, S. 98–101.
4 Vielleicht ist der Schreiber mit dem Godescalc identisch, der »noch unter Bischof Agilfrid (gest. 787) als Diakon dem Domklerus von Lüttich angehört zu haben« scheint: Bernhard Bischoff, Die Hofbibliothek Karls des Großen, in: Das geistige Leben, hg. von Bernhard Bischoff (Karl der Große. Lebenswerk und Nachleben, Bd. 2), Düsseldorf 1965, S. 42–62, hier S. 44, Anm. 47.
5 Das Konstatieren eines Epochenbruchs an dieser Stelle ist ein Topos der kunstgeschichtlichen Literatur. Nach Carl Nordenfalk, Die Buchmalerei im Mittelalter, Genf 1988 (zuerst 1957), S. 55, bedeutet »der Godescalc-Codex ... einen Bruch mit der merowingischen Vergangenheit«, und Köhler beginnt seine Einleitung mit den Worten: »Die Gruppe von Handschriften, die in diesem Band zusammengefaßt sind, ist klein; sie zählt nicht mehr als acht Handschriften und ein Fragment. Aber ihre Bedeutung ist eine außerordentliche. Mit ihr beginnt eine neue Epoche in der Miniaturmalerei.« Ebenso bezeichnet Mütherich 1965 die Beauftragung Godescalcs als »den Beginn einer neuen Phase der mittelalterlichen Buchmalerei« (S. 9). Auch Bullough (wie Anm. 2) bemerkt S. 11, das Godescalc-Evangelistar setze »new standards for decorated-book production in Francia«.
6 Vgl. das Verzeichnis der Handschriften im Anhang, S. 102f.
7 Seit Köhler ist die Bezeichnung »Hofschule« allgemein üblich; sie löste die ältere Bezeichnung als »Ada-Gruppe« ab, so genannt nach einer Ada, die als Auftraggeberin des in Trier aufbewahrten Evangeliars überliefert ist (zur Ada-Handschrift Köhler, S. 34–41).
8 Zur Ornamentik der Hofschule: Katharina Pawelec, Aachener Bronzegitter. Studien zur karolingischen Ornamentik um 800 (*Bonner Beiträge zur Kunstwissenschaft*, 12), Köln – Bonn 1990.
9 Ein zusammenfassender Überblick über die Entstehung der liturgischen Lesungen und die entsprechenden Buchtypen sowie weiterführende Literatur bei: A.G. Martimort, Les lectures liturgiques et leurs livres (Typologie des sources du Moyen-Âge occidental, fasc. 64), Turnhout 1992; vgl. auch die kurzen Einführungen in: Biblioteca Apostolica Vaticana. Liturgie und Andacht im Mittelalter, Ausstellungskatalog Köln 1993, S. 26–29 (Evangeliar) und S. 29–31 (Lektionar).

10 Tabellarische Übersicht über die Perikopen des Godescalc-Evangelistars bei Böhne, S. 161 ff.
11 Zum Kalender Piper, S. 19–31, 38–50.
12 Am eingehendsten zuletzt Belting.
13 Dazu vor allem Boeckler 1952/53; Rosenbaum; Buchthal; von Euw, S. 153–185.
14 Rosenbaum, S. 82 f. Zu den Mosaiken in San Vitale: Friedrich Wilhelm Deichmann, Ravenna. Hauptstadt des spätantiken Abendlandes, Bd. II (Kommentar) 2. Teil, Wiesbaden 1976, S. 174 ff.
15 Augustinus-Evangeliar: Cambridge, Corpus Christi College, Ms. 286 (Lukas: fol. 129v); dazu Francis Wormald, The miniatures in the gospels of St. Augustine, Cambridge 1954; Kurt Weitzmann, Spätantike und frühchristliche Buchmalerei, München 1977, S. 112–115.
16 *Codex aureus* aus Canterbury: Stockholm, Kungl. Biblioteket, Ms. A. 135 (Matthäus: fol. 9v; Johannes: fol. 150v); dazu J. J. G. Alexander, Insular manuscripts, 6th to the 9th century (A survey of manuscripts illuminated in the British isles, 1), S. 56 f., Nr. 30; Carl Nordenfalk, Insulare Buchmalerei. Illuminierte Handschriften der Britischen Inseln 600–800, München 1977, S. 96–105.
17 Egino-Codex: Berlin, Staatsbibliothek, Preußischer Kulturbesitz, Ms. Phillipps 1676; dazu Belting, S. 126 ff.
18 Eriwan, Matenadaran N. 2374: Cod. 229 der Patriarchalbibliothek von Etschmiadzin, fol. 5v. Carl Nordenfalk, Die spätantiken Kanontafeln, Göteborg 1938, S. 102–108; Theodor Klauser, Das Ciborium in der älteren christlichen Buchmalerei (Nachrichten der Akademie der Wissenschaften in Göttingen. I: Philologisch-Hist. Klasse, 1961, 7); Underwood, S. 89 ff.
19 Daß Godescalc mit Karl in Rom gewesen sei, wie immer wieder im Anschluß an Piper (S. 12) behauptet wird (z. B. Mütherich 1965, S. 11; Schramm – Mütherich 1981, S. 116), geht aus dem Widmungsgedicht allerdings keineswegs unstrittig hervor.
20 Typisch für diese Sichtweise die aus dem Nachlaß Köhlers publizierten Bemerkungen: »In Godescalc ein mühsames Stammeln, mit dem ein Vorbild von großer Schönheit, Kompliziertheit, Reife in Gedanken und künstlerischer Form von Jemandem wiederholt wird, der vieles von dieser fremden Sprache nicht verstand.« (Wilhelm Köhler, Buchmalerei des frühen Mittelalters. Fragmente und Entwürfe aus dem Nachlaß, hg. v. Ernst Kitzinger und Florentine Mütherich [*Veröffentlichungen des Zentralinstituts für Kunstgeschichte in München*, 5] München 1972, S. 108). Vgl. auch die Einschätzung bei Boeckler 1952/53, S. 138, Anm. 39: »Vor allem aber erkennt man, daß es vielfach unverstandene perspektivische Formen sind, die hier (gemeint ist das Godescalc-Evangelistar; B. R.) zusammengewürfelt werden. Es stehen also kompliziertere, sinnvollere Bauten als Vorlage hinter diesem Wirrwarr, deren Wiedergabe der Maler des Godescalc nicht gewachsen war.« Wenn Boeckler gleichzeitig in der Kunst der Hofschule »wie ein Wunder ... eine Schöpfung von höchsten künstlerischen Ansprüchen, von vollendeter Originalität der Stilbildung und Sicherheit in der Handhabung der technischen Mittel« sieht (ibid. S. 121), so löst er diesen Widerspruch stillschweigend durch den Befund, daß »das Godescalc-Evangelistar den Figurenstil noch nicht voll ausgebildet« zeige (S. 129); ähnlich Mütherich 1965, S. 14: »Im Godescalc-

Evangelistar sind schon die ganzen Ziele – wenn auch unvollkommen und in unsicherer Form verwirklicht – enthalten.«

21 Bei Mütherich 1965, S.32 ist das in Bogen- und Rechteckschema ganz unterschiedlich gestaltete Verhältnis Symbol – Evangelist bereits registriert, ohne daß daraus freilich Konsequenzen gezogen würden.

22 Mütherich 1965, S.33; Rosenbaum, S.84; Buchthal, S.134f. Allgemein zum Thema des inspirierten Evangelisten: Werner Weisbach, Die Darstellung der Inspiration auf mittelalterlichen Evangelistenbildern, in: *Rivista di archeologia cristiana* 16, 1939, S.101–127; Carl Nordenfalk, Der inspirierte Evangelist, in: *Wiener Jahrbuch für Kunstgeschichte* 36, 1983, S.175–190 (S.184f. zum Godescalc-Evangelistar).

23 Codex Rossanensis, Rossano, Erzbischöfliche Bibliothek (Markus: fol.121^r); dazu Weitzmann (wie Anm.15) S.97.

24 Dioskurides Pedanios, Wien, Österreichische Nationalbibliothek, Cod. med. gr. 1, fol.5^v; dazu Weitzmann (wie Anm.15), S.65; Otto Mazal, Byzanz und das Abendland, Wien 1981, S.430f. Nr.349.

25 Vivians-Bibel, Paris, Bibliothèque Nationale, lat. 1 (Majestas: fol.329^v); dazu Wilhelm Köhler, Die Schule von Tours (Die karolingischen Miniaturen, 1), Bd.1, 2.Teil, Berlin 1933, S.27–64, zum Majestas-Bild S.53–57; außerdem Herbert L. Kessler, The illustrated bibles from Tours (Studies in manuscript illumination, 7), Princeton 1977, bes. S.36–42; Mütherich – Gaehde, S.81.

26 Dazu den zusammenfassenden Überblick von Hagen Keller, Vom ›heiligen Buch‹ zur ›Buchführung‹. Lebensfunktionen der Schrift im Mittelalter, in: *Frühmittelalterliche Studien* 26, 1992, S.1–31.

27 Lothar-Evangeliar, Paris, Bibliothèque Nationale, lat. 266 (Matthäus: fol.22^v); dazu Köhler (wie Anm.25), S.71–85, zu den Evangelistenbildern S.76–81.

28 Wortlaut bei Harmon, S.284.

29 David Ganz, The preconditions for Caroline minuscule, in: *Viator* 18, 1987, S.23–43, bes. S.29–32. Armando Petrucci, Aspetti simbolici delle testimonianze scritte (Simboli e simbologia nell'alto medioevo [*Settimane di studio del centro italiano di studi sull'alto medioevo*, 23], Spoleto 1976, Bd.2, S.813–844, bes. S.833); Brenk, S.642ff.

30 Evangeliar aus Soissons, Paris, Bibliothèque Nationale, lat. 8850 (Lebensbrunnen: fol.6^v); dazu Köhler, S.70–82.

31 Nachweise bei Underwood, S.47ff., dessen materialreiche Studie Grundlage für die folgenden Ausführungen ist.

32 Sogenannte Ada-Handschrift, Trier, Stadtbibliothek, Cod.22; dazu Köhler, S.34–41. Kolophon: fol.172^r (Köhler, S.38).

33 Lothar-Evangeliar: Paris, Bibliothèque Nationale, lat.266, fol.2^v (vgl. Anm.27); Underwood, S.127.

34 Underwood, bes. S.108ff. und Appendix A, S.118–131; vgl. außerdem Anm.18.

35 Nordenfalk (wie Anm.18).

36 Rabula-Evangeliar, Florenz, Biblioteca Medicea Laurenziana, Ms. laur. Plut. 1.56 (Kanontafel mit Evangelisten Matthäus und Johannes fol.9^v); zu den Kanontafeln Nordenfalk (wie Anm. 18), S.255–259, Taf.142; Weitzmann (wie Anm.15), S.101.

37 Vgl. Anm.18, 33.

38 Hieronymus, *Commentariorum in Matheum* (Corpus Christianorum. Series latina, 77), hg. von D.Hurst – M.Adriaen, Turnhout 1969, S.1–6 (*praefatio*).

39 Walker kommt das Verdienst zu, den Zusammenhang mit den

Prologen dargelegt zu haben; ansonsten ist auch diese Darstellung vor allem »ableitungsgeschichtlich« gewürdigt worden, ohne die inhaltliche Dimension und die Funktion innerhalb der Handschrift zu berücksichtigen, so z. B. von Boeckler 1956, S. 13–16. Insofern ist durchweg auch verkürzt von »Anbetung des Lammes« die Rede. Eine im Detail zwar abweichende, aber in den Grundzügen mit der im folgenden dargelegten Deutung übereinstimmende Behandlung jetzt bei Brenk, S. 670–673.

40 Schon Isidor von Sevilla (um 570–636) schreibt in seinem Exodus-Kommentar: *Columnae istae quatuor Evangelistae sancti sunt, fidei firmitate fundati* (Diese vier Säulen sind die heiligen Evangelisten, gegründet in der Festigkeit des Glaubens), in: Migne, Patrologia Latina, 83, Sp. 313B; dazu und mit weiteren Nachweisen: Bruno Reudenbach, Säule und Apostel. Überlegungen zum Verhältnis von Architektur und architekturexegetischer Literatur im Mittelalter, in: *Frühmittelalterliche Studien* 14, 1980, S. 310–351, hier S. 317, 332.

41 Beda Venerabilis, *De tabernaculo* (Corpus Christianorum. Series latina, 119A), hg. von D. Hurst, Turnhout 1969, S. 71: *Velum hoc caelum interpretatur* (Dieser Vorhang wird als Himmel verstanden).

42 Bei Boeckler (wie Anm. 39) dagegen die Herleitung von Vorhanghaltern in byzantinischen Evangelistenbildern. Die Deutung des Löwenkopfes als Christus eröffnet eine Parallele zur Löwenmaske am Bronzeportal der Aachener Pfalzkapelle, die auch als Christus gedeutet wurde von Christian Beutler, Statua. Die Entstehung der nachantiken Statue und der europäische Individualismus, München 1982, S. 91–95.

43 Beda Venerabilis, *Liber de templo Salomonis* (Corpus Christianorum. Series latina, 119A), hg. von D. Hurst, Turnhout 1969, S. 166. – Zur Exegese Rudolf Suntrup, *Te igitur*-Initialen und Kanonbilder in mittelalterlichen Sakramentarhandschriften, in: Text und Bild, hg. von Christel Meier – Uwe Ruberg, Wiesbaden 1980, S. 278–366, hier S. 313–320. In diesem Zusammenhang sind auch Joh. 7,37ff. sowie Ps. 45,5 von Bedeutung, vgl. Bruno Reudenbach, Das Taufbecken des Reiner von Huy in Lüttich, Wiesbaden 1984, S. 34ff.

44 Underwood, S. 95ff. weist für die Ciboriums-Architektur außerdem auf eine Verwandtschaft mit Darstellungen des Hl. Grabes in Jerusalem hin, das seit dem siebten Jahrhundert wie ein *fons vitae* als »lebensspendend« bezeichnet wurde. Zu Lebensbrunnen, Taufe und Grab Christi s. Victor H. Elbern, Der eucharistische Kelch im frühen Mittelalter, in: *Zeitschrift des deutschen Vereins für Kunstwissenschaft* 17, 1963, S. 1–76, 117–188, hier: S. 157–164.

45 Quellen zur karolingischen Reichsgeschichte, 1. Teil, bearbeitet von Reinhold Rau (Freiherr vom Stein-Gedächtnisausgabe, 5), Darmstadt 1968 (Nachdr. 1987), S. 40: *Tunc sumpto consilio, ut iter perageret orationis causa partibus Romae, una cum uxore sua domna Hildegarda regina. Et celebravit natalem Domini in Papiam civitatem. Et inmutavit se numerus annorum in 781. Et supradictum iter peragens celebravit pascha in Roma. Et ibi baptizatus est domnus Pippinus, filius supradicti domni Caroli magni regis, ab Adriano papa, qui et ipse eum de sacro fonte suscepit; et duo filii supradicti domni Caroli regis inuncti sunt in reges a supradicto pontifice, hi sunt domnus Pippinus et domnus Hludowicus reges, domnus Pippinus rex in Italiam et domnus Hludowicus rex in Aquitaniam.* Übersetzung ibid. S. 41.

46 Arnold Angenendt, Das geistliche Bündnis der Päpste mit den Karolingern (754–796), in: *Historisches Jahrbuch* 100, 1980, S.1–94, hier S.70ff.; Peter Classen, Karl der Große, das Papsttum und Byzanz. Die Begründung des karolingischen Kaisertums (*Beiträge zur Geschichte und Quellenkunde des Mittelalters*, 9), Sigmaringen 1988, S.26ff.

47 Arnold Angenendt, Taufe und Politik im frühen Mittelalter, in: *Frühmittelalterliche Studien* 7, 1973, S.143–168, bes. S.146; Ders., Kaiserherrschaft und Königstaufe. Kaiser, Könige und Päpste als geistliche Patrone in der abendländischen Missionsgeschichte (*Arbeiten zur Frühmittelalterforschung*, 15), Berlin – New York 1984, passim, bes. S.157.

48 Codex Carolinus 60, in: Monumenta Germaniae Historica, Epistulae, 3, Berlin 1892, S.586: ... *dignati estis nobis repromittere, ut in sanctum diem Paschae ad limina beati apostolorum principis Petri una cum spiritale filia nostra, regina, Domino auxiliantae properare debuissetis, ut filium, qui nunc vobis procreatus est, a sacro baptisma in ulnis nostris suscipere debuissemus: sicut terra sitiens imbrem, ita et nos exspectabiles fuimus mellifluam excellentiam vestram; et dum adpropinquasset ipsum diem sanctum Paschae et nullum mandatum de adventum vestrum suscaepissemus aut de missis vestris secundum placitum, quod inter nos extiterat, valde tristes effecti sumus. Sed obnixae te petimus, praecellentissimae et magnae rex, ut, secundum quomodo inter nos constitit, pro ipso sancto baptisma adimplere iubeas desiderium de eundem eximium vestrum filium, quatenus duplex spiritus sancti gratia in medio nostrum adcrescat et gemina festivitatis laetitia nobis caelebretur.* (Ihr wart so gnädig, uns zuzusagen, daß Ihr zusammen mit unserer geistigen Tochter, der Königin, mit Gottes Hilfe zum heiligen Osterfest in das Haus des heiligen Apostelfürsten Petrus reisen würdet, damit wir den Sohn, der Euch geboren wurde, auf unseren Armen aus dem heiligen Taufbrunnen aufnehmen könnten: Wie die Erde den Regen, so waren auch wir in Erwartung Eurer überströmenden Persönlichkeit. Doch als der heilige Ostertag gekommen war, ohne daß wir eine Nachricht von Eurer Ankunft oder von Euren Gesandten, wie zwischen uns fest vereinbart, erhalten hätten, da hat uns dies sehr traurig gemacht. Aber eindringlich bitten wir Dich, du hervorragender und großer König, daß, wie es zwischen uns vereinbart ist, für diese heilige Taufe auf Dein Geheiß unser Wunsch in Hinblick auf Euern erhabenen Sohn erfüllt werde, auf daß die zweifache Gnade des heiligen Geistes zwischen uns entstehe und eine doppelte Festesfreude von uns gefeiert werde.) Angenendt, Bündnis (wie Anm.46), S.71; Ders., Kaiserherrschaft (wie Anm.47), S.157.

49 Zur Diskussion um Ort und Ablauf der weiteren Feierlichkeiten (Krönung der Königssöhne): Ludwig Falkenstein, Der ›Lateran‹ der karolingischen Pfalz zu Aachen (*Kölner historische Abhandlungen*, 13), Köln – Graz 1966, S.144ff. mit Anm.10; Angenendt, Bündnis (wie Anm.46), S.87; Classen (wie Anm.46), S.28, Anm.88.

50 Nachweis der Textübernahmen bei Luitpold Wallach, Alcuin and Charlemagne: Studies in Carolingian history and literature, Ithaca 1959, S.196f. Zum Gedicht vgl. auch Peter Godman, Poets and emperors. Frankish politics and Carolingian poetry, Oxford 1987, S.46f.

51 Karls Stiftungen anläßlich des Romaufenthalts, insbesondere für Baureparaturen und Ausstattung der Peterskirche, sind auch anderweitig belegt; vgl. Angenendt, Bündnis (wie Anm.46),

S.76 sowie S.78, Anm.349 zu den Datierungsproblemen des Godescalc-Evangelistars; dazu auch Underwood, S.64ff.

52 Dagulf-Psalter, Wien, Österreichische Nationalbibliothek, cod. 1861; dazu Köhler, S.42–46; das Widmungsgedicht an Hadrian in: Monumenta Germaniae Historica: Poetae latini, 1 (wie Anm.3), S.91.

53 Underwood, S.53ff.

54 Zum Brunnen im Atrium von St.Peter: Achim Arbeiter, Alt-St. Peter in Geschichte und Wissenschaft. Abfolge der Bauten – Rekonstruktion – Architekturprogramm, Berlin 1988, S.189 ff.; dazu und zu den Pfauen: Ausstellungskatalog Bernward von Hildesheim und das Zeitalter der Ottonen, Hildesheim – Mainz 1993, Bd.2, S.113ff.

55 Zuletzt, mit Angabe der älteren Literatur: Ausstellungskatalog Bernward von Hildesheim (wie Anm.54), Bd.2, S.115–118, wo mit nicht ganz einsehbaren Argumenten für eine Entstehung des gesamten Zapfens, nicht nur des Sockels, um 1000 plädiert wird. Selbst diese spätere Entstehung müßte im übrigen nicht gegen eine entsprechende karolingische Brunnenanlage sprechen; denkbar wäre ja auch, daß ein ottonischer Zapfen einen älteren, karolingischen oder römischen, ersetzt hätte. Für eine karolingische Entstehung zuletzt eindringlich Beutler (wie Anm.42), S.83–91. Zu den Inschriften: Die Inschriften des Aachener Domes, gesammelt und bearbeitet von Helga Giersiepen (*Die deutschen Inschriften*, 31), Wiesbaden 1992, S.12 f., Nr.13.

56 Arnold Angenendt, Der Taufritus im frühen Mittelalter (Segni e riti nella chiesa altomedievale occidentale [*Settimane di studio del centro italiano di studi sull'alto medioevo*, 33]), Spoleto 1987, Bd.1, S.276–321, bes. S.277, 289f.

57 Allgemein zur mittelalterlichen Bewertung des Gehörs für die Kommunikation Gott – Mensch und ihre Darstellung: Elizabeth Sears, The iconography of auditory perception in the early middle ages: On psalm illustration and psalm exegesis, in: The second sense. Studies in hearing and musical judgement from antiquity to the seventeenth century, hg. von Charles Burnett u.a. (*Warburg Institute Surveys and Texts*, 22), London 1991, S.19–38.

58 Josef Fleckenstein, Art. Admonitio generalis, in: Lexikon des Mittelalters, Bd.1, Sp.156; dort weitere Literatur. Eine übersichtliche Zusammenfassung zu Leitideen und Durchführung der karolingischen Reform bei Arnold Angenendt, Das Frühmittelalter, Stuttgart – Berlin – Köln 1995[2], S.304–348 (mit umfangreicher Bibliographie).

59 Monumenta Germaniae Historica: Capitularia Regum Francorum, 1, hg. von Alfred Boretius, Hannover 1883, Nr.22, S.53f. Übersetzung nach Nikolaus Staubach, ›Cultus divinus‹ und karolingische Reform, in: *Frühmittelalterliche Studien* 18, 1984, S.546–581, hier S.556f.

60 Dazu Staubach (wie Anm.59), bes. S.555ff.; ähnlich Angenendt (wie Anm.58), S.310; Walter Ullmann, The carolingian renaissance and the idea of Kingship, London 1969, S.1–20; Rosamond McKitterick, The francish church and the Carolingian reforms, London 1977.

61 Josef Fleckenstein, Die Bildungsreform Karls des Großen als Verwirklichung der norma rectitudinis, Freiburg i.Br. 1953, bes. S.51ff.

62 Bernhard Bischoff, Die karolingische Minuskel, in: Karl der Große, Werk und Wirkung. Katalog der Ausstellung Aachen 1965, S.207–210; Ders., Paläographie des römischen Alter-

tums und des abendländischen Mittelalters (*Grundlagen der Germanistik*, 24), Berlin 1979, S.143–151; Otto Mazal, Lehrbuch der Handschriftenkunde (*Elemente des Buch- und Bibliothekswesens*, 10), Wiesbaden 1986, S.107–112; Rosamond McKitterick, Script and book production, in: Carolingian culture: emulation and innovation, hg. von Rosamond McKitterick, Cambridge 1994, S.221–247 (dort Nachweis der älteren Literatur); Ganz (wie Anm.29); Angenendt (wie Anm.58), S.310ff.

63 Zu dieser Leitidee der karolingischen Reform: Arnold Angenendt, Libelli bene correcti. Der »richtige Kult« als ein Motiv der karolingischen Reform, in: Das Buch als magisches und als Repräsentationsobjekt, hg. von Peter Ganz (*Wolfenbütteler Mittelalter-Studien*, 5), Wiesbaden 1992, S.117–135. Generell zur Schriftlichkeit in karolingischer Kultur: Rosamond McKitterick, The Carolingians and the written word, Cambridge 1989; Keller (wie Anm.26), S.12.

64 Bischoff (wie Anm.4), S.44.

65 Ibid. S.43–46 zur Übermittlung dieser und anderer Werke an Karls Hof; außerdem Angenendt (wie Anm.58), S.318; Ders., Libelli (wie Anm.63), S.130f.; Bullough (wie Anm.2), S.16f.

66 Bischoff (wie Anm.4), S.44.

67 *Epistola de litteris colendis*, Abdruck in: Urkundenbuch des Klosters Fulda, Bd.1, hg. von Edmund E. Stengel (*Veröffentlichungen der historischen Kommission für Hessen und Waldeck*, 10,1), Marburg 1958, Nr.166; dazu Fleckenstein (wie Anm.61), S.52f., Angenendt (wie Anm.58), S.310; Wallach (wie Anm.50), S.198–226.

68 M. Folkerts, Art. Alkuin, Lexikon des Mittelalters, Bd.1, Sp.417–420; Angenendt (wie Anm.58), S.306f.; Donald Bullough, Aula Renovata: the court before Aachen palace, in: Ders., Carolingian renewal (wie Anm.2), S.123–160, hier S.136. Zum Gelehrtenkreis an Karls Hof: Josef Fleckenstein, Karl der Große und sein Hof, in: Persönlichkeit und Geschichte, hg. von Helmut Beumann (Karl der Große. Lebenswerk und Nachleben, Bd.1), Düsseldorf 1965, S.24–50.

69 Wallach (wie Anm.50); Friedrich-Carl Scheibe, Alcuin und die Admonitio generalis, in: *Deutsches Archiv für die Erforschung des Mittelalters* 14, 1958, S.221–229.

70 Alcuinus, *In sacrum bibliorum codicem*: Monumenta Germaniae Historica: Poetae latini, 1 (wie Anm.3), S.288; dazu Angenendt, Libelli (wie Anm.63), S.131.

71 Karls Interesse an Zeitrechnung und seine intensive Beteiligung an der Diskussion chronographischer Literatur und komputistischer Probleme jetzt bei Arno Borst, Das Buch der Naturgeschichte. Plinius und seine Leser im Zeitalter des Pergaments (*Abhandlungen der Heidelberger Akademie der Wissenschaften*, Philosophisch-Hist. Klasse, 1994, 2), Heidelberg 1994, S.121–165.

72 Rosamond McKitterick, Text and Image in the Carolingian world, in: The uses of literacy in early mediaeval europe, hg. von Rosamond McKitterick, Cambridge 1990, S.297–317, hier S.301–304: hierarchy of scripts; Bullough (wie Anm.2), S.12f.; Harmon, S.72.

73 Zur Schrifthierarchie im Godescalc-Evangelistar: Bullough (wie Anm.2), S.12f.; Fleckenstein (wie Anm.61), S.78.

74 Das Raster und Linierungssystem des Godescalc-Evangelistars bei Köhler, S.23; eine eingehende Analyse von Linierung und Seitengestaltung der Hofschulmanuskripte liefert Harmon.

DAS WIDMUNGSGEDICHT

Aurea purpureis pinguntur grammata scedis,
Regna poli roseo pate – sanguine – facta tonantis
Fulgida stelligeri promunt et gaudia caeli,
Eloquiumque dei digno fulgore choruscans
Splendida perpetuae promittit praemia vitae.
En precepta dei decorata colore rosarum
Munera martyrii demonstrant esse capenda,
Candida virginitas caelorum cara colonis
Auri flaventis specie hortatur habenda,
Argentique figuratur splendore micantis
Vita maritorum cunctis concessa iugalis.
Sic doctrina dei pretiosis scripta metallis
Lucida luciflui perducit ad atria regni
Lumen evangelii sectantes corde benigno,
Scandentesque poli super ardua sidera celsi
Collocat in thalamo caelorum regis in aevum.

Orbe bonus toto passim laudabilis heros,
Inclytus in regno, fretus caelestibus armis,
Laude triumphator, dudum super aethera notus,
Iure patrum solio feliciter inclitus heres,
Pacificus rector, patiens dominator et aequus,
Praelatus multis, humili pietate superbus,
Providus ac sapiens, studiosus in arte librorum,
Iustitiae custos rectus, verusque, fidelis,
Pauperibus largus, miseris solacia praestans,
Plenus honore dei et Christi conpulsus amore,
Septenis cum aperit felix bis fascibus annum,
Hoc opus eximium Franchorum scribere Carlus
Rex pius, egregia Hildgarda cum coniuge, iussit:
Quorum salvifico tueatur nomine vitas
Rex regum dominus, caelorum gloria, Christus.

Ultimus hoc famulus studuit complere Godescalc
Tempore vernali, transcensis Alpibus ipse
Urbem Romuleam voluit quo visere consul,
Ut Petrum sedemque Petri rex cerneret, atque
plurima celsithrono deferret munera Christo.
Multa peraegrinis concessit dona misellis,
Annua tunc ibidem celebrans solemnia paschae.
Praesulis officio tum Adrianus functus in arvis
Culmen apostolicum Romana rexit in urbe.
Principis hic Caroli claris natalibus ortam
Carlmannum sobolem, mutato nomine Pippin,
Fonte renascentem, et sacro baptismate lotum,
Extulit albatum sacratis conpater undis.
Septies expletus fuerat centissimus annus,
Octies in decimo sol cumque cucurrerat anno,
Ex quo Christus Iesus saecla beaverat ortu,
Exsuerat totum et tetra caligine mundum.

(Text nach: Monumenta Germaniae Historica. Poetae latini medii aevi, 1, hg. von Ernst Dümmler, Berlin 1881, S. 94f., Nr. VII)

Übersetzung

(V. 1–5) Die goldenen Buchstaben werden auf purpurnen Blättern gemalt. Sie offenbaren das durch das rosenfarbige Blut Gottes eröffnete Himmelreich und die glänzenden Freuden des gestirnten Himmels, und das Wort Gottes, in würdigem Glanze schimmernd, verheißt den leuchtenden Lohn des ewigen Lebens. (V. 6–11) Siehe, die mit der Farbe der Rosen geschmückten Gebote Gottes lehren, die Taten der Märtyrer zu ergreifen; die reine Jungfräulichkeit, teuer den Bewohnern des Himmels, wird durch den Schein des gelblichen Goldes zur Aneignung vorgewiesen, und durch des schimmernden Silbers Glanz wird abgebildet das allen zugestandene eheliche Leben. (V. 12–16) So führt die Lehre Gottes, geschrieben mit kostbaren Metallen, zu den lichten Hallen des lichtströmenden Reiches (Gottes) diejenigen, die dem Lichte des Evangeliums mit gutem Herzen folgen, und versetzt diejenigen, die über die hohen Gestirne des erhabenen Himmels steigen, in das Gemach des Königs der Himmel in Ewigkeit.

(V. 17–21) Guter, auf dem ganzen Erdkreis gerühmter Held, im Reich berühmt, vertrauend auf die himmlischen Waffen, durch Ruhmestat triumphierend, längst über den Himmel hinaus bekannt , mit Recht auf dem Thron der Väter als glücklich berühmter Erbe, friedenbringender Lenker, geduldiger und gerechter Herrscher, (V. 22–26) Vielen vorgezogen, ausgezeichnet mit demütiger Frömmigkeit, vorausschauend und weise, gelehrt in der Bücherwissenschaft, aufrechter Hüter der Gerechtigkeit, wahrhaftig und ehrlich, freigiebig zu den Armen, den Elenden Tröstungen gewährend, erfüllt von der Ehrung Gottes und angetrieben von der Liebe zu Christus, (V. 27–31) ließ Karl, der fromme König der Franken, als er, glücklich, das 14. Jahr seiner Herrschaft (das Jahr mit den zweimal sieben *fasces*) eröffnet, mit seiner vortrefflichen Gemahlin Hildegard dieses herausragende Werk schreiben. So möge der König der Könige und Herr, der Ruhm des Himmels, Christus, ihre Leben mit seinem heilbringenden Namen beschützen. (V. 32–38) Sein niedrigster Diener, Godescalc, war bemüht, dies zur Frühlingszeit zu vollenden, als der König selbst die Alpen überschritten hatte, weil er die Stadt des Romulus zu sehen wünschte. Petrus und den Sitz Petri wollte der König nämlich erschauen und dem hoch thronenden Christus eine Vielzahl von Gaben darbringen. Viele Geschenke überließ er den armseligen Pilgern, als er dort das jährliche Osterfest feierte. (V. 39–44) Zu dieser Zeit regierte Hadrian auf dem apostolischen Thron in Rom; und er, Hadrian, hob als *conpater* den Nachkommen des Königs Karl von edler Geburt, Karlmann, im Taufbecken wiedergeboren und durch die heilige Taufe gereinigt, weiß gekleidet, aus dem gesegneten Wasser und änderte seinen Namen in Pippin. (V. 45–48) Als das sieben mal hundertste Jahr erfüllt und die Sonne achtmal im Jahrzehnt gelaufen war, seit Christus die Zeit durch seine Geburt gesegnet und die ganze Welt der schrecklichen Finsternis entkleidet hatte.

DIE HANDSCHRIFTEN DER »HOFSCHULE KARLS DES GROSSEN«

Godescalc-Evangelistar, begonnen 781

Paris, Bibliothèque Nationale, nouv.acq.lat. 1203 (Köhler, S.22–28).

Evangeliar

Paris, Bibliothèque de l'Arsenal 599 (Köhler, S.29–33).

Die Handschrift enthält die vier Evangelien mit Vorreden, Kanontafeln, Kapitelübersichten und dem *Capitulare Evangeliorum* am Schluß. Sie ist nicht mit Evangelistenbildern ausgestattet.

Evangeliar, sogenannte Ada-Handschrift

Trier, Stadtbibliothek 22 (Köhler, S.34–41 [älterer Teil], S. 83–87 [jüngerer Teil, Evangelistenbilder]).

Der Codex enthält die vier Evangelien mit Vorreden, Kanontafeln, Kapitelübersichten, dem *Capitulare Evangeliorum* und einem Widmungsgedicht am Schluß. In ihm ist eine *Ada ancila dei* (Ada, Magd Gottes) als Auftraggeberin genannt. Die Handschrift ist nicht einheitlich; die einzelnen Textpartien wurden zu verschiedenen Zeiten von verschiedenen Schreibern, allerdings dennoch durchgehend in Gold, geschrieben. Auch die vier in der Hofschule gemalten Evangelistenbilder gehörten nicht von Anfang an zum Codex, sondern wurden später beigebunden.

Dagulf-Psalter

Wien, Österreichische Nationalbibliothek, cod. 1861 (Köhler, S.42–46).

Ein Widmungsgedicht am Anfang teilt mit, daß die Psalterhandschrift ein Geschenk von Karl dem Großen an Papst Hadrian war. Aus paläographischen und stilgeschichtlichen Indizien hat man eine Entstehung nach dem Godescalc-Evangelistar erschlossen, so daß der Psalter wohl nach 781 und vor 795, dem Todesjahr Papst Hadrians, geschrieben wurde. Er ist nicht illustriert, aber mit einer gerahmten Incipit-Seite, drei Initial-Seiten und zwei weiteren verzierten Initialen versehen.

Evangeliar

Abbeville, Bibliothèque Municipale 4 (1) (Köhler, S.49–55).

Die Handschrift enthält die vier Evangelien mit Vorreden, Kanontafeln, Kapitelübersichten, Evangelistenbildern und das *Capitulare Evangeliorum* am Schluß. Wahrscheinlich gelangte dieses in Goldschrift geschriebene Evangeliar als Geschenk Angilberts in das Kloster St.Riquier in Centula. Angilbert gehörte zum Hofkreis Karls, ehe er 789/90 Laienabt des Klosters in Centula wurde.

Evangeliar

London, British Library, Harley Ms.2788 (Köhler, S.56–69).

Die Handschrift enthält die vier Evangelien mit Vorreden, Kanontafeln, Kapitelübersichten, Evangelistenbildern und das *Capitulare Evangeliorum* am Schluß.

Evangeliar

Paris, Bibliothèque Nationale, lat. 8850 (Köhler, S. 70–82).

Das Evangeliar ist möglicherweise ein Geschenk, das Karls Sohn, Ludwig der Fromme, im Jahre 827 dem Kloster St. Medard in Soissons übergab. Wie in den anderen Hofschul-Evangeliaren sind auch hier nach den Vorreden und Kanontafeln die vier Evangelien mit Einleitungstexten und Kapitelverzeichnissen auf gerahmten Seiten in Goldschrift niedergeschrieben. Am Schluß steht das *Capitulare Evangeliorum*. Vor jedem Evangelium ist das entsprechende Evangelistenbild zu finden; zwei weitere Illustrationen sind dem Einleitungsteil zugeordnet: Vor den Prologen auf der ersten Seite des Codex ist die Architekturdarstellung mit der Anbetung des Lammes zu sehen, vor den Kanontafeln der *fons vitae*, der dem des Godescalc-Evangelistars nahe verwandt ist.

Evangeliar

Bukarest, Bibliotheca Centrale de Stat, früher Alba Julia, Bibliotheca Documentara Batthyaneum;

Rom, Biblioteca Apostolica Vaticana, Cod. Pal.lat. 50 (Köhler, S. 88–100).

Das Evangeliar, das schon nach der Mitte des neunten Jahrhunderts in einem Bibliothekskatalog des Klosters Lorsch aufgeführt ist, ist heute zweigeteilt; der erste Teil wird in Rumänien aufbewahrt, der zweite in der vatikanischen Bibliothek. Zu der Ausstattung mit Evangelistenbildern kommen hier eine Darstellung der Vorfahren Christi und eine Majestas mit Evangelienharmonie hinzu. Das Lorscher Evangeliar ist das späteste der Hofschulgruppe; es wird auch eine Entstehung in der Zeit Ludwigs des Frommen erwogen (so Bernhard Bischoff, Die Hofbibliothek unter Ludwig dem Frommen, in: Medieval learning and literature. Essays presented to R. W. Hunt, hg. von J. J. G. Alexander und M. T. Gibson, Oxford 1976, S. 3–22, hier S. 12f.).

Zur Gruppe der Hofschulhandschriften werden außerdem gezählt ein Fragment mit der Darstellung der Verkündigung an Zacharias (London, British Library, Cotton Claudius B.V.; Köhler, S. 47f.) und ein Evangeliarfragment mit zwei Initialen (München, Universitätsbibliothek, cod. 29; Mütherich 1965, S. 25f.).

GLOSSAR

Architrav: Das von Säulen getragene waagerechte Gebälk.

Baptisterium: Taufkirche, häufig mit rundem oder achteckigem Grundriß, meist mit einem in den Boden eingelassenen Wasserbecken.

Capitalis (von lat. *littera capitalis*: Hauptbuchstabe): Eine Majuskel- (= Großbuchstaben) Schrift, die in den Manuskripten der Hofschule Karls des Großen meist als Auszeichnungsschrift für Überschriften verwendet wird.

Ciborium: Über einem Thron, Altar, Grab oder Brunnen nach Art eines Baldachins aufgestellter Überbau, von Säulen getragen und mit Gewölbe, Kuppel, Pyramidal- oder Kegeldach geschlossen.

Codex: Das aus einfach gefalteten und zu Lagen zusammengefaßten Pergament- oder Papierblättern bestehende Buch. Der Codex löste im vierten Jahrhundert die Schriftrolle (*rotulus*) ab.

Evangeliar: Buch mit den vier Evangelien nach Matthäus, Markus, Lukas und Johannes. Diesen sind Prologe und Kapitelverzeichnisse beigefügt. Am Schluß befindet sich meist das *Capitulare Evangeliorum*, eine Liste der im Verlauf des Kirchenjahres während der Messe zu lesenden Evangelienabschnitte.

Evangelistar: Buch mit den im Verlauf des Kirchenjahres während der Messe zu lesenden Evangelienabschnitten (*Perikopen*; daher auch der Name Perikopenbuch).

Explicit (lat.: es entrollt): In Schriftrollen wurden Autor und Titel ursprünglich am Ende einer Rolle genannt. Dieser Brauch ist in Handschriften gelegentlich übernommen, so daß mit *explicit* und hinzugefügter Titelangabe der »entrollte«, gelesene Text, also das Textende bezeichnet wird.

fol.: In mittelalterlichen Codices werden nicht Seiten, sondern Blätter gezählt und nach Vor- und Rückseite unterschieden. Die Vorderseite des Blattes, die sich im aufgeschlagenen Buch rechts befindet, ist die *recto*-Seite, bezeichnet durch ein hochgestelltes r, die Rückseite ist die *verso*-Seite, die mit hochgestelltem v bezeichnet wird. *fol.* ist die Abkürzung für *folio* (von lat. *folium*: Blatt); fol. 1^r heißt also: auf *folio* 1 *recto*, auf der Vorderseite von Blatt 1.

Incipit (lat.: es beginnt): Titel- und Autornennung eines Textes, die noch vor dem Textanfang steht.

Initiale: Durch Größe, Farbe und Verzierung hervorgehobene(r) Anfangsbuchstabe(n).

Kanontafel: Meist von Architekturformen eingefaßte Tabellen zum Auffinden und Vergleichen von übereinstimmenden und nicht übereinstimmenden Abschnitten der vier Evangelien. Grundlage dafür ist die Numerierung der Abschnitte durch Eusebius von Caesarea, so daß in den Tabellen die entsprechenden Zahlen gegenübergestellt sind.

Kolophon: Schlußtext einer Handschrift als kurze Notiz über Zeit und Ort der Entstehung, aber auch, wie im Godescalc-Evangelistar, als ausführliches Widmungsgedicht.

Kolumne: Schriftspalte.

Perikope: Ausschnitt aus einem Evangelium für die Evangelienlesung während der Messe; die Perikopen sind im *Evangelistar* gesammelt.

Rotulus: Schriftrolle, wurde seit dem vierten Jahrhundert vom Codex abgelöst.

Scriptorium: Schreibstube, Schreiber- und Buchmalerwerkstatt.

Tempietto: Kleiner, von Säulen getragener Rundbau; s. *Ciborium*.

Unziale (von lat. *littera uncialis*: zollgroßer Buchstabe): Wie die Capitalis eine Majuskelschrift, aber mit gerundeten Schäften. In den Handschriften der Hofschule ist der Evangelientext, sofern er nicht in karolingischer Minuskel geschrieben wurde, in Unzialis geschrieben.

LITERATUR

Belting, Hans: Probleme der Kunstgeschichte Italiens im Frühmittelalter, in: *Frühmittelalterliche Studien* 1, 1967, S. 94–143 (zum Godescalc-Evangelistar bes. S. 98ff., 125ff.)

Boeckler, Albert: Die Evangelistenbilder der Adagruppe, in: *Münchner Jahrbuch der bildenden Kunst*, 3. Folge, Bd. 3/4, 1952/53, S. 121–144

Boeckler, Albert: Formgeschichtliche Studien zur Adagruppe (Bayerische Akademie der Wissenschaften, Philosoph.-Hist. Klasse, *Abhandlungen*, N.F. Heft 42), München 1956

Böhne, Winfried: Beobachtungen zur Perikopenreihe des Godescalc Evangelistars, in: *Würzburger Diözesan-Geschichtsblätter* 37/38, 1975, S. 149–167

Braunfels, Wolfgang: Die Welt der Karolinger und ihre Kunst, München 1968 (zum Godescalc-Evangelistar S. 143ff.)

Brenk, Beat: Schriftlichkeit und Bildlichkeit in der Hofschule Karls des Großen, in: Testo e immagine nell'alto medioevo (*Settimane di studio del centro italiano di studi sull'alto medioevo*, 41), Spoleto 1994, Bd. 2, S. 631–682

Buchthal, Hugo: A Byzantine miniature of the fourth evangelist and its relatives, in: *Dumbarton Oaks Papers* 15, 1961, S. 127–139

von Euw, Anton: Liber Viventium Fabariensis. Das karolingische Memorialbuch von Pfäfers in seiner liturgie- und kunstgeschichtlichen Bedeutung (*Studia Fabariensia*, 1), Bern – Stuttgart 1989 (zum Godescalc-Evangelistar bes. S. 186f.)

Harmon, James A.: Codicology of the court school of Charlemagne. Gospel book production, illumination, and emphasized script (*European University Studies*, ser. 28, Bd. 21), Frankfurt a. M. – Bern – New York – Nancy 1984

Köhler, Wilhelm: Die Hofschule Karls des Großen, Text- und Tafelband (Die karolingischen Miniaturen, Bd. 2), Berlin 1958 (zum Godescalc-Evangelistar S. 22–28)

Mütherich, Florentine: Die Buchmalerei am Hofe Karls des Großen, in: Karolingische Kunst, hg. von Wolfgang Braunfels – Hermann Schnitzler (Karl der Große, Lebenswerk und Nachleben, Bd. 3), Düsseldorf 1965, S. 9–53

Mütherich, Florentine: Manuscrits enluminés ›Autour de Hildegarde‹, in: Actes du Colloque »Autour d'Hildegarde« (Centre de Recherches sur l'Antiquité tardive et le Haut Moyen Age et Centre de Recherches d'Histoire et Civilisation de l'Université de Metz, *Cahiers* V, 1987), S. 49–55

Mütherich, Florentine und Joachim E. Gaehde: Karolingische Buchmalerei, München 1979 (zum Godescalc-Evangelistar S. 32–37)

Nordenfalk, Carl: Die Buchmalerei, in: Karl der Große, Werk und Wirkung. Katalog der Ausstellung Aachen 1965, S. 224–230

Piper, Ferdinand: Karls des Großen Kalendarium und Ostertafel aus der Pariser Urschrift herausgegeben und erläutert nebst einer Abhandlung über die lateinischen und griechischen Ostercykeln des Mittelalters, Berlin 1858, Nachdr. Walluf bei Wiesbaden 1974

Porcher, Jean: Die Bilderhandschriften, in: Jean Hubert – Jean Porcher – W. Fritz Volbach, Die Kunst der Karolinger, München 1969, S. 69–208 (zum Godescalc-Evangelistar S. 75–78)

Rosenbaum, Elizabeth: The evangelist portraits of the Ada school and their models, in: *The Art Bulletin* 38, 1956, S. 81–90
Schramm, Percy Ernst und Florentine Mütherich, Denkmale der deutschen Könige und Kaiser, 1 (*Veröffentlichungen des Zentralinstituts für Kunstgeschichte in München*, 2), 2. Aufl., München 1981, S. 116, 478, Nr. 8
Underwood, Paul A. The fountain of life in manuscripts of the gospels, in: *Dumbarton Oaks Papers* 5, 1950, S. 41–138
Vezin, Jean: Les livres dans l'entourage de Charlemagne et d'Hildegarde (Centre de Recherches sur l'Antiquité tardive et le Haut Moyen Age et Centre de Recherches d'Histoire et Civilisation de l'Université de Metz, *Cahiers* V, 1987), S. 63–70
Walker, Robert M.: Illustrations to the Priscillian prologues in the gospel manuscripts of the Carolingian Ada school, in: *The Art Bulletin* 30, 1948, S. 1–10

Abbildungsnachweis

Berlin, Staatsbibliothek zu Berlin, Preußischer Kulturbesitz 16
Cambridge, Corpus Christi College, The Parker Library 14 (By permission of The Master and Fellows of Corpus Christi College, Cambridge)
Florenz, Biblioteca Medicea Laurenziana 27 (Photo: Donato Pineider, Florenz; su concessione del Ministero per i Beni Culturali e Ambientali)
Florenz, Gabinetto Disegni e Stampe degli Uffizi 33 (Su concessione del Ministero per i Beni Culturali e Ambientali)
London, The British Library, Manuscript Collection 17 (By Permission of the British Library)
Marburg, Bildarchiv Foto Marburg 12, 13 (By permission of the British Library), 15, 24
Paris, Bibliothèque nationale de France Umschlagvorderseite, Frontispiz, 1, 2, 3, 4, 5, 6, 7, 8, 9, 10, 21, 22, 23, 26, 28, 29, 30, 35, Falttafel, Umschlagrückseite (clichés Bibliothèque nationale de France, Paris)
Rossano, Museo Diocesano di Arte Sacra 19
Trier, Stadtbibliothek 36
Wien, Österreichische Nationalbibliothek 20, 31
Alle anderen Abbildungen stammen aus dem Archiv des Autors.